Bernhard Mayer

Geschichte der Stadt Lauingen

Bernhard Mayer

Geschichte der Stadt Lauingen

ISBN/EAN: 9783743664821

Hergestellt in Europa, USA, Kanada, Australien, Japan

Cover: Foto ©ninafisch / pixelio.de

Weitere Bücher finden Sie auf **www.hansebooks.com**

Geschichte
der
Stadt Lauingen.

IV. Heft.

Enthaltend: §. 14. Rathhaus. Schluß. §. 15. St. Leonhardskirche. §. 16. Die Andreaskirche und das Beneficiatenhaus zu St. Andreas. §. 17. Das Schloß. §. 18. Von einigen Privat- und sonstigen städtischen Gebäuden. §. 19. Von den Handels-, gewerblichen und landwirthschaftlichen Verhältnissen. §. 20. Lauingen als Geburtsort hervorragender Persönlichkeiten. §. 21. Kriegsläufe, Kriegserlittenheiten.

1866.

Druck von C. Kränzle in Dillingen.

S. R. J. Equite, consil.
aul. act. Monachii

auf der linken aber die Vorsicht, beide*) in Stein ausgehauen von 7 Schuh hoch mit der Unterschrift:

Architectato
D. Laurentio de Quaglio
Consil. Cam. et Architectore
aulico Monachii.

Unter dem Balkon ist eingehauen:

Jnchoata 1783. absoluta 1790.
Joanne Georgio Launer
Architecto civ. et. Prov. Laving.

Zwischen dem zweiten und dritten Stock ist das städtische Wappen mit römischen Rathsinsignien von ganzen Stein ausgehauen.

Auf dem Hauptgesims ruhet endlich der künstlich massive 40 Schuh breite und 10 Schuh hohe Frontispitz, welcher das ganze pfalz-bayerische Wappen vorstellet, zu dessen Rechten die Fama mit einer Trompete sitzet und zu der Linken ein stehender Löwe ist, welcher das Wappen hält; beide Seiten aber sind mit neuer und alter Kriegsarmatur und Insignien geziert und die Mitte decket oben der bayerische Churhut.

Die drei geöffneten Portalthüren, welche von Eichenholz mit Messing beschlagen, zeigen den majestätischen Vestibul (Eingang, Vorplatz) welcher 40 Schuh weit, und eben so viel breit, dessen 9 theils Kuppel- theils Kreuzgewölbe auf 4 Säulen ruhen.

Auf beiden Seiten sind 6 gleiche einander gegenüberstehende eichene mit Messing beschlagene Thüren, wie auch zwei Ausgänge neben dem Stiegenhaus in den Hof, ober welchem 8 römische Köpfe von Gyps formirt sind.

Auf der rechten Seite des Eingangs gelangt man bei der ersten Thüre in das Vorzimmer der bürgerlichen Hauptwachtstuben, welche 50 Mann faßt. Die zweite Thür führet in ein

---

*) Beide Statuen „der Gerechtigkeit und Vorsicht" hielten jedoch den Einflüssen der Witterung nicht lange Stand. Im Jahre 1807, als der erste kgl. Landrichter Herr Ott einzog, stürzte die Statue der Gerechtigkeit von ihrem Standpunkte, wobei sich Herr Landrichter scherzweise äußerte: „Potz tausend, das ist ein böses Omen beim Einzug des Landgerichts." — Der Gerechtigkeit mußte die nun isolirt stehende Statue der Vorsicht nothwendig folgen.

Zimmer, das sich zu einem bürgerlichen Arrest eignet, und die dritte Thür zu den Feuerwerken der beiden Stuben.

Auf der linken Seite öffnet die erste Thür den Eingang zu dem städtischen Archiv, die andern zwei Thüren in die Wohnung des Stadt- und Eisenknechts, zugleich auch in die Criminalgefängnisse. Dieser Stock ist ganz gewölbt und die Kreuzstöcke mit starken künstlich verfertigten eisernen Gittern versichert, welche der hiesige Stadtschlosser Anton Kiefer verfertiget hat.

Am Ende des Vestibuls (Eingangsplatz ebner Erde) geht man in der Mitte auf einer breiten von lebendigen Steinen gehauenen Stiege, welche dann in zwei Theile sich mündet, und mit einem von Eisen gegossenen künstlichen Geländer versehen ist, in den zweiten Stock.

In Mitte dieses Stockes ist der prachtvolle Rathssaal 40 Schuh lang und 24 weit, von dessen Mitte der Ausgang auf den Balkon. Dieser Saal ist nach altrömischer Bauart ganz mit Stukaturarbeit ausgeschmückt, von der nämlichen Gattung sind die weißporcellainen Oefen. Ober dem Haupteingang steht folgende Inschrift mit goldenen Buchstaben:

CaroLVs TheoDorVs
pater patrIae
MUnIfICentIa sVa
eXornaVIt (1790)

in welchem 1790ten Jahre Sr. churfürstliche Durchlaucht die außerordentliche Gnade für unsere Stadt hatte, selber zum unaussprechlichen Beweis seiner höchsten Huld und zur prächtigsten Zierde des neuen Rathssaales sein und seiner durchlauchtigsten Gemahlin Elisabetha Auguste (erster Ehe) Porträt in Lebensgröße der Stadt zu verehren, welche in antiken goldnen Rahmen worauf der Churhut auf einem rothen Kissen ligt eingefaßt sind.*)

Ober der rechten Thür in das Zahlzimmer ist die Speditionshandlung, oder der linken aber in das Nebenzimmer die Salzhandlung in Stukaturarbeit künstlich angebracht und mit goldenen Rahmen verziert.

Wie man auf der gebrochenen Stiege hinaufgeht, so ist in dem nämlichen Stock rechts das Vorzimmer zu der Ordinari-Rathsstuben und links das Vorzimmer zu der städtischen Kanzlei.

---

*) Die Porträte sind von dem Hofmaler Hofnaß in Mannheim gemalt und kamen ohne Rahmen auf 1000 fl. zu stehen. Dieselben befinden sich noch in diesem Saale.

Eine eben so gebrochene eichene Stiege führet in den britten Stock, in welchem die herrliche Wohnung des städtischen Rathsconsulenten, welche aus zwei Vorzimmern, 3 gemalten Wohnzimmern und ebenso viel ausgemalten Schlafzimmern besteht.

Links schließt sich an dieses herrliche Gebäude ein nicht weniger geschmackvoller Flügel an, in dessen untern Stock die zwei Remisen für die Feuerspritzen, Wagen, Kübel und andere dazu nothwendige Geräthschaften sind. Im mittlern Stock ist die bürgerliche Zeughauskammer und die Wohnung des Registrators in 3 Wohnzimmern und 2 Kammern; im britten Stock aber die nämliche Wohnung für den Stadtcanzlisten.

Auf der rechten Seite schließt sich das große Waaghaus daran, auf welchem zwei große Schnellwaagen sind, an welchen ganz geladene Wägen mit ihren großen Lasten auf einmal accurat können abgewogen werden, deren eine und zwar die künstliche von Sr. churfürstlichen Durchlaucht der Stadt geschenkt wurde. Es wohnet darauf der Waagmeister und der britte Stock diente bisher zu einem städtischen Theater.

Die Böden aber von allen diesen Gebäuden werden zu dem städtischen Getreiblasten benützt.

Anno 1791 wurde endlich der feierliche Einzug von der Specialcommission auf den 12. Sept. bestimmt. Zu diesem Ende kamen den 8. Tag zuvor Herr Spezialhofcommissär von Setzger und Herr Hoflammerrath von Quaglio hier an, um alle Vorbereitungen und nothwendige Anstalten zu dieser Feyerlichkeit zu machen, zu welcher der gnädigste Landesherr der hiesigen Bürgerschaft auf Intercession einer speziellen Hof-Commission aus den Zeughäusern dreihundert Feuergewehre sammt Bajonnetten und eben so viele Patrontaschen, dann 140 Grenadiermützen als Schankung anwies und zu diesem Akt seinen geheimen Rath Reichsfreyherrn von Stengel als Spezialcommissär anher zu senden die höchste Gnade hatte, welchem den 11. September unser Spezialhofcommissär mit Herrn Hoflammerrath von Quaglio bis Dillingen entgegen fuhr und um 12 Uhr unter Lösung der Böller und Parabirung der bürgerlichen Cavallerie und beider Compagnien Infanterie in hiesiger Stadt ankamen.

Der Magistrat sammt dem Pfarrklerus empfingen hochbenselben bei dem Gasthof des goldenen Rössels (Herberg) und die bürgerlichen Compagnien marschirten unter ihrem klingenden Spiel vor dessen Quartier auf, um ihre Aufwartung zu machen. Auf der obern Stiege wurde ihm sogleich eine Ehrenwache von zwei Grenadieren und unter dem Haus von 2 Füseliers angewiesen.

Nach der Tafel nahmen dieselben unter Begleitung des Hrn. Specialhofcommissärs und des Herrn Hofkammerraths von Quaglio das neue Gebäude in Augenschein und äußerten unter großer Verwunderung ihren Beifall über die kunstvolle Pracht desselben. Die bürgerlichen Officiere der Cavallerie und Infanterie machten ihm ebenfalls ihre Aufwartung, deren türkische Musik und Hoboisten Abends ein Ständchen brachten.

An dem feyerlichen Tag rückte die bürgerliche Cavallerie und Infanterie früh Morgens aus und stellten sich in folgender Ordnung in der Hauptstraße von der Pfarrkirche vis a vis.

In der Mitte die Füseliere mit fliegenden Fahnen sammt einer Bande türkischer Musik, links und rechts wurden sie von den Grenadiers geschlossen und an diese schlossen sich rechts und links die Cavallerie mit Standarte, Trompeten und Pauken; sie streckten das Gewehr, zogen mit Musik in die Pfarrkirche und hörten die Messe, unter welcher abwechselnd Feldmusik gemacht wurde, nach welcher sie wieder unter Gewehr getreten und in Parade den feierlichen Zug in die Kirche erwarteten.

Zu diesem Ende versammelte sich der Magistrat in Amtskleidung mit silbernen Degen in der Wohnung der Herrn Principalcommissairs sammt seinen Officianten und begleiteten selben um 9 Uhr unter Bedeckung der bürgerlichen Trabanten in die Kirche.

Es wurde sogleich das feierliche Hochamt von Titl. Herrn Stadtpfarrer Franz de Paula Wiedemann unter Assistenz beider Stadtcapläne abgesungen und unter selbem die Böller 3 mal gelöst sammt herrlichem Salve von der bürgerlichen Infanterie.

Nach diesem wurde vom obbenannten würdigen Herrn Stadtpfarrer eine rührende Anrede über die Pflichten guter Rathsherrn gehalten, welche im Manuscripte noch vorhanden.

Hierauf wurde das „Herr Gott, Dich loben wir" abgesungen und mit einer Salve begleitet.

Darauf geschah der feyerliche Zug aus der Pfarrkirche zum neuen Rathhaus in folgender Ordnung:

1) Eine Schwadron bürgerlicher Cavallerie mit Standarte, Trompeten und Pauken unter Commando eines jungen Herrn von Setzgers als Herrn Rittmeisters.

2) Eine Division bürgerlicher Grenadiers mit Hoboisten unter dem Commando des Herrn Senators Johannes Schlumberger qua Grenadier Hauptmanns.

3) Eine Compagnie bürgerlicher Füseliers mit fliegenden Fahnen und einer Bande türkischer Musik.

4) Die Bürger in schwarzen Mänteln in ihre Zünfte eingetheilt mit ihren Kerzenmeistern.

5) Conventus Eremitarum S. P. Augustini, welcher damals aus folgenden Gliedern bestand:

Fratres: Nicolaus Endres,
Leonharbus Zyra.
Patres: Wolfgangus Kirchbaur,
Adalbertus Rueff,
Florentinus Walter,
Antonius Mayr,
Jdelphonsus Spang,
Simeon Beysele,
Benediktus Kiel,
Gebhardus Sailer,
Leopoldus Roth,
Achatius Deinbel,   } Seniores.
Augustinus Hosemann,
Amadeus Schreiner, Prior.

6) Der Kreuzträger, zwey Akolythen, der Schiffleinträger, Rauchfaßträger. Jakob Baumeister und Stanislaus Mayr, Stadtkapläne in Chorkleidern. Der Stadtpfarrer in Pluviali. Ein Ministrant mit dem Weihwasser und einer mit dem Ritualbuch.

7) Die städtische Dienerschaft.

8) Die Kanzleiofficianten Herr Registrator Michael Wiedemann, Herr Canzlist Albert Becherer.

9) Der Magistrat in corpore, welcher damals aus folgenden Senatoren bestand:

Herr Marx Schropp,
„ Joseph Hartmann, S. Leonards und der vacirenden Pfleg Adjunkt,
„ Johann Nep. Mühlberger, Schauherr und Almosenpfleger,
„ Anton Mang, Pfleger der vacirenden Pfleg und Adjunkt bei St. Joannes,
„ Jakob Maden, St. Martinspfleger rnd Bauherr,
„ Joseph Willibald Straucher, Stadtzollner und St. Joannispfleger,
„ Johann Nep. Heckenmüller, Schauherr und 2. Bruckhof-Amts-Verweser,
„ Johann Neidlinger, Bauherr und Zins- und Kastenamts-Verweser, dann St. Leonhardspfleger,
„ Johannes Schlumberger, Zins- und Kastenamts- dann Zehenbamtsverweser und Stadtlieutenant,

Herr Michael Henle, St. Martinspfleger,
„ Johann Georg Schwarzenbach, Bürgermeister, Spitalpfleger und Herzog-Georgstiftungsverwalter,
„ Johann Kaspar Bauer, Bürgermeister und Stadtkassier,
„ Johann Georg Wanner, Amtsbürgermeister, Bruckhof- und Zehenbamtsverwalter,
„ Regierungsrath und Rathsconsulent Gremmel,

10) Der wirkliche geheime Rath Reichsfreyherr von Stengel, Commissarius, begleitet von dem Reichsfreyherrn Tänzel v. Tratzberg churfürstlichem Kämmerer 2c. dann Titl. Specialhofcommissär v. Setzger, Hofkammerrath von Quaglio, vom Herrn Stadtvogt, Mauthner, Umgelb- und Steuereinnehmer Joseph Kreuter, dann vielen andern hierortigen und auswärtigen Herrn Beamten.

11. Eine Division bürgerl. Grenadiers, unter Commando des Herrn Unterlieutenant Franz Xaver Kistler.

12. Eine Schwadron Cavallerie unter dem Commando des Herrn Unterlieutenants Alois Alban Baur.

Auf allen Strassen, bei allen Fenstern und sogar auf den Dächern war eine so zahlreiche Menge Volkes, dergleichen innerhalb unsern Mauern noch niemals gezählet und gesehen worden ist, darunter eine Menge der Ansehnlichsten von allen Gattungen der distinguirten Stände waren. *)

Die bürgerliche Cavallerie paradirte auf dem Platze gegen das Dillinger Thor und die Infanterie gegen den Hofthurm, so daß der Zug zwischen beiden in das Rathhaus ging.

Sobald man in demselben unter Trompeten- und Paulenschall angekommen war, wurde von dem Herrn Stadtpfarrer und dem sämmtlichen Clerus die feierliche Benediktion des neuen Rathhauses vorgenommen, alsbann eine gelehrte Anrede von dem Nutzen einer guten und von dem Schaden einer nachläßigen Justizpflege von Titl. Herrn Regierungsrath und Rathsconsulenten Carl Gremmel in Gegenwart vieler ansehnlichen auswärtigen Gelehrten gehalten, welche ebenfalls noch im Manuscripte vorhanden.

---

*) Eine gleich große, wenn nicht größere Anzahl Volkes mag wohl einige 20 Jahre früher d. i. 1765 den 29. May hier versammelt gewesen sein, als die feierliche Einsetzung der Reliquien des hl. Albertus in hiesiger Pfarrkirche Statt hatte. Man schätzte die damalige Volksmenge auf 30,000 Köpfe.

Diese Rede wurde sodann von Herrn Principal-Commissär auf folgende Weise beantwortet:

„Ich werde mit Vergnügen diese Ihre schönen und billigen Wünsche „erfüllen, ich kann Ihnen zum Voraus Bürge sein, daß Seine Chur- „fürstliche Durchlaucht diese Gesinnungen Ihrer getreuen Stadt und „Bürgerschaft mit jener landesväterlichen Huld und Gnade aufneh- „men werden, welche Ihnen noch in jeder ihrer Angelegenheiten „widerfahren sind, und von welchen meine heutige Sendung Ihnen „ein neuer Beweis.

„Machen Sie sich in Eintracht unter sich und im Vertrauen auf „die churfürstliche Hofcommission das für Sie stets bereite, Sie stets „schützende, für Sie wachende landesväterliche Wohlwollen zu Nutzen, „so wird dieses Rathhaus, das Sie heute zum erstenmal betreten, „bei der spätesten Nachwelt ein prächtiges Denkmal von Lauingens „schönsten und glücklichsten Tagen sein."

Darauf hielt der Specialhofcommissär eine kurze Anrede an den Magistrat. Sämmtliche Anreden wurden mit herrlichen Salven von der Infanterie und Trompeten und Paukenschall begleitet.

Hierauf begleitete der Magistrat sammt seinen Officianten und dem Stadtklerus unter Bedeckung der Trabanten den Herrn Principalcommissär in dessen Wohnung, vor welcher die bürger- lichen Compagnien zu Pferd und zu Fuß mit klingendem Spiel noch einmal defilirten.

Alsdann wurden von dem alten Interims-Rathhaus die zwei noch übrigen bürgerlichen Fahnen von zwei Fähndrichen unter Bedeckung der ersten Division Grenadiers mit türkischer Musik feierlich abgeholt; im Vorbeimarsch trat der aufgezogene Fähndrich mit seiner Fahne ein und wurden also alle drei bürgerlichen In- fanterie-Fahnen in die neue Armaturkammer übersetzt.

Alsdann führte eine Schwadron Cavallerie unter Trompeten und Pauken ihre Standarte auf die nämliche feierliche Weise in den oben genannten Ort.

Um 1 Uhr ging man zur feierlichen Tafel beim goldenen Rössel, wobei folgende Personen speisten:

Festgäste.

1. Herr Principalcommissär Reichsfreyherr v. Stengel.
2. Madame von Quaglio.
3. 4. Zwei Fräulein von Setzger.
5. Reichsfreyherr von Tänzel.
6. Herr Spezialhofcommissär von Setzger.
7. Herr Hofkammerrath von Quaglio.
8. Herr Landvogt von Höchstädt.
9. Ein junger Herr von München.

10. Landgerichtschreiber von Höchstädt.
11. Der hiesige Kaisersheimische Kastner.
12. Herr Stadtvogt von hier.
13. Herr Rathsconsulent.
14. Ein junger Herr von Setzger.
15. Herr Stadtpfarrer von hier.
16. 17. Die hiesigen zwei Herrn Salzbeamte.
18. Ein junger Herr von Quaglio.
19. 20. 21. Die drey Herrn Bürgermeister.
22. Der Herr Spitalverwalter von hier.
23. Der Klosterfrauen Beichtvater von hier.
24. 25. Der Herr Pater Prior der Augustiner mit einem Begleiter.
26. 27. Die Herrn Stadtkapläne.
28. — 37. Die Herren Senatores (Rathsherrn).
38. Herr Registrator.
39. Herr Canzlist.
40. — 48. Die bürgerlichen Herren Officiere von der Cavallerie und Infanterie.

Ohngeachtet der großen Anzahl Gäste wurde man sowohl in Qualität als Quantität recht gut bedient und zwar mit folgenden Speisen:
1. Suppe mit Hennen.
2. Rindfleisch mit Grün, Senft, Rannen und Gurken.
3. Wirsching mit gebacknen Hühnern.
4. Kraut mit Schweinfleisch.
5. Schwarzwildpret mit Hagebutten-Sauce.
6. Feldhühner mit gedämpften Aepfeln.
7. Pasteten mit Kalbfleisch.
8. Wälsche Hühner mit Bisigonen.
9. Gedämpfte Enten.
10. Fasanen mit Trüffeln.
11. Rehschlegel und Pasteten.
12. Lerchen mit spanischen Pfleimleim.
13. Hasen in der Rahmsauce.
14. Kalbschlegel mit gesulzten Birn.
15. Blauabgesottene Forellen.
16. Krebs.
17. Gesulzte Kapaunen.
18. Schinken mit Salat.
19. Bergtorten.
20. Krachtorten.
21. Mandeltorten.
22. Schwarzbrodtorten.
23. Bisquittorten sammt allerlei anderm kleinen Confect. Die Weine waren Nekar, Rheinwein und Champagner.

Unter der Tafel wurde von allen Anwesenden mit wärmsten Dankgefühl die höchste Gesundheit Sr. Churfürstlichen Durchl. unter Trompeten- und Paukenschall, dann Lösung der Böller getrunken.

Zur Erinnerung wurde von einem sich hier eben aufhaltenden Buchdrucker den anwesenden Gästen ein gedrucktes Gedenkblatt überreicht, welches noch vorliegt.

Nach der Tafel wurde das öffentliche Schauspiel besucht, alsdann ein Ball sammt Soupé im Gasthof der goldenen Kanne gehalten, bei welchem der Dillinger Adel, dann andere auswärtige Herren Beamten in zahlreicher Menge sich einfanden und sich höchlich vergnügten, überhaupt wurde in Allem so gute Ordnung gehalten, daß das Herrliche, das Glänzende und Festliche dieses Tages nicht von der mindesten Ausschweifung den geringsten Schlacken erhalten hat, sondern daß dieser feierliche Tag allen Anwesenden ein unvergeßlicher Tag und ein ebenso starker Beweis der außerordentlichen Huld unsers gnädigsten Landesregenten gegen die Stadt als auch der besondern Treue und Enthusiasmus unserer Bürger gegen ihren besten Landesvater bis in die spätesten Zeiten sein wird!

Zum Zeichen der Dankbarkeit und zu einem Andenken wurden vom Magistrate folgende Präsente ausgetheilt:

Dem Titl. Herrn Prinzipalcommissär Freyherrn v. Stengel eine schöne goldene Tabatiere von feinem Dukatengold im Werth von 200 fl.

Dem Titl. Herrn Hofkammerrath von Quaglio wegen seiner Bauentwürfe, Bauinstruktionen und achtjähriger Aufsicht an Geld 1250 fl., dann eine englische goldene Uhr mit der gleichen Kette, worauf das städtische Wappen.

Dem Herrn Spezialhofcommissär von Setzger wegen seiner vielen Bemühungen an Geld 500 fl., dann seinen zwei anwesenden Fräulein Töchtern — jeder ein seidnes Kleid.

Dem Herrn Stadtcassier Bauer wegen seiner Extrabemühung für Verfertigung der Baurechnungen an Geld 100 fl.

Herr Rathsconsulent Gremmel erhielt für Einrichtung und Ordnung des Archiv's und der Registratur 150 fl. — Herr Stadtkaplan Mayr 100 fl. — Stadtwaagmeister Helm 50 fl.

Für das oben benannte Freymal wurde dem Herrn Ulrich Marx Schropp des Raths und Herbergwirth für 50 Gäste nach hoher Hofcommissionanweisung bezahlt aus der Stadtkasse 376 fl. 48 kr. — In die Küche 2 französische Thaler 5 fl. 30 kr.

Den Musikern, den 12 Trabanten, den 200 Dienst machenden Bürgern wurden in verschiedenen Gasthäusern, z. B. bei Hirschwirth Leonhard Müller Speise und Trank verabreicht und überdies zum Theile Douceurs gegeben, überhaupt, wie aus der Rechnung des Jahres 1791 ersichtlich, war man nach allen Seiten hin sehr splendid. Es sind in der vorliegenden Beschreibung die Namen sämmtlicher dienstthuender Bürgersoldaten nach dem Rapporte des Stadtwachtmeisters Leopold Buchmair aufgeführt, die wir übrigens der Raumersparniß halber weglassen. Die Cavallerie hatte weiße Uniform mit rothen Aufschlägen und Silber, die Infanterie blaue mit rothen Westen und Gold.

Die Trompeter und Paukenschläger trugen rothe Uniformen mit schwarzen Aufschlägen und reich mit Silber.

Das Dorf Hausen stellte zur Cavallerie 11 Mann
            Frauenriedhausen   4 „
            Veitriedhausen   4 „

Das Gebäude, zu dessen Bausteinen die Steinbrüche in Schnaitheim, königl. württemb. Oberamts Heidenheim das Material lieferten und das nach den damaligen Preisen der Materialien und Löhne nicht ganze 50,000 fl. kostete,*) bietet noch wie ehedem die äußere Ansicht; hat aber im Innern bezüglich der Eintheilung und Verwendung der Räumlichkeiten manche Veränderungen erlitten. Früher nur für städtische Zwecke bestimmt, wurde es im Jahre 1808 der Sitz des k. Landgerichts und Wohnung des Landgerichtsvorstandes, Gerichtsdieners, die Gerichtsfrohnfeste und nur der linke Flügel ist den städtischen Collegien reservirt, welche sogar längere Zeit in der sogenannten Schupfe (neben dem Hofthurm) amtirten.

Es sind nun in diesem linken Flügel die Kanzleizimmer des Magistrats.

Am Schlusse der 30ger Jahre, als mehrere städtische Gebäude an Private veräußert worden, wurde das an den linken Flügel sich anlehnende große Waaghaus gänzlich neu umgebaut und wurden die Parterreräumlichkeiten zur Aufnahme des städtischen Archivs, dann der Feuerlöschmaschinen und Feuerlöschrequisiten, die Räumlichkeiten des I. Stockes zu den Sitzungssälen des Magistrats, der Gemeindebevollmächtigten und des Armenpflegschaftsrathes bestimmt, während die Räume II. Stockes im Innern noch der Vollendung ihres Ausbaues harren.

Außer den zu den Amtslokalitäten gehörigen Einrichtungsge-

---

*) Die Bildhauerarbeiten von Stein sind ein Werk des Hochgräfl. Schenk'schen Hofbildhauers zu Oberstotzingen Johann Brugger, dessen Grabstein und Epitaphium in der Stadtpfarrkirche.

genständen und den im städtischen Archive befindlichen Urkunden aus frühern Jahrhunderten befinden sich im Rathhause folgende Gemälde und Antiquitäten:

1) Das öfter erwähnte Gemälde auf Holz — vorstellend das Lager Kaiser Karl V. in Waihgah, und die Huldigung des Rathes im kaiserlichen Zelte. Es enthält über 100 Figuren in den damaligen Trachten und Waffen, im Vordergrund die Ankunft einer orientalischen Gesandtschaft*) und überall lebendige Gruppen eines Lagers, wie solche von Schiller in Wallensteins Lager geschildert sind. Auch ist sichtbar das zur Zeit der Schweden d. i. des dreißigjährigen Krieges zerstörte kleine Klostergebäude mit seinen Zugehörden und dem St. Ulrichskirchlein. Das Bild ist von dem Lauinger Maler Matthäus Gerung geb. zu Nördlingen im Jahre 1551 gemalt und wurde 1758 restaurirt. Dem Gemälde ist oben links die Inschrift beigefügt:

„Anno Domini 1546 den 10 Oktober hat sich Kaiser der fünft
„Carolus wider die Schmakaldischen Bündtnus ghen Weihengah
„mit dem Leger than, wie dieses Gemmel (Gemählde) vnus zeiget
„an. M. G. (Matheus Gerung) pinxit 1551.

Mit diesem Gemälde im Zusammenhang ist jener Gnadenbrief, welchen der Kaiser dem Rathe nach dessen Huldigung durch seinen Notar fertigen ließ und der die eigenhändige Unterschrift des Kaisers Karl V. enthält.

2) Die obere Hälfte einer schwedischen Zolltafel von Holz mit dem schwedischen Wappen bemalt und der Ueberschrift:

---

*) Bei dem Reichstag in Augsburg, 23. Juli 1547 unter Kaiser Karl V. hielt sich auch der Mulattische Oasenkönig zu Tunis in Afrika, welchem sein eigener Sohn ein Aug ausstechen ließ, unter Begleitung seiner Mohren daselbst auf, um Hilfe von dem Kaiser gegen den Undankbaren zu begehren. In dem Zelt des Kaisers sieht man, sagt Reichlin Meldegg, wie der Stadt Lauzingische Bürgermeister und die Rathsdeputation vor dem Kaiser um Confirmation ihrer Privilegien bitten, auch Carolus dem vor ihm knieenden Bürgermeister die Hand zum Kusse reicht. Man sieht da aller Gattung hoh und niederer Kriegsleute, Feldgeistliche Rechtsgelehrte, Marketender 2c. Jede Figur vom Kaiser an bis auf den Geringsten ist ein Kunststück. Jeder Beschauer hat dieses schöne Gemälde noch bewundert. Nach einer Rechnung vom Jahre 1758 des Malers Joh. Anwander wurde das alte ziemlich ruinirte Gemälde, wie es heißt, wiederumb renoviret und der Rundstab an selbem mit feinen Gold vergulbet und machte der Verdienst 10 fl.

Zu wünschen wäre, daß dieses Gemälde wieder einmal unter die Hand eines tüchtigen Restaurateurs käme.

„Der Königl. Maj. und Kron Schweden Hauptzollstatt zu Lauingen."

3) Eine Tafel, auf welcher der in alten Zeiten übliche Zug der Passionsspieler gemalt, darunter namentlich die Kreuzschlepper und Geisler, wie hier noch am Schlusse des verflossenen Jahrhunderts solche Passionsspiele und Züge vorgeführt wurden. Dabei sind auch ein Paar Exemplare von Geiseln, mit denen sich die Flagellanten ihre Rücken selbst zerfleischten.

4) Ein altdeutsches Gemälde auf Holz, dessen Duplicat in der Hospitalkirche hängt mit der Unterschrift:

„Anno 1404 ist das Sakrament zu Lauingen gestohlen und allda gefunden worden. *)

5) Fünf Porträte fürstlicher Personen, dabey zwei von Carl Theodor und seiner Gemahlin in Lebensgröße.

6) Drey Tafelgemälde — Copien der Malereien am Hof-

---

*) Im Jahre 1404 wurde in der Pfarrkirche zu Lauingen der Kelch mit den geweihten Hostien entwendet. Für die frommen Einwohner der Stadt war dieses ein wehmüthiges Ereigniß. Von den Kanzeln ertönten keine guten Prophezeiungen für solch' ruchlose Zeiten und Jedermann wünschte, recht sehnlichst, daß der schandliche Frevler recht bald entdeckt und der Gerechtigkeit überliefert werde.

Eines Abends, als der Glöckner die Betglocke zog, bemerkte er im Halbdunkel des Glockenhauses eine zusammengekauerte Gestalt mit glänzendem Silberbarte; in der Meinung ein Gespenst zu erblicken, flüchtete er sich eiligst auf den Kirchhof, schlug jedoch die Thür des Thurmes glücklich hinter sich zu. Auf seine Erzählung holte sein Sohn, ein beherzter Bursche, einige Kameraden aus der Nachbarschaft und begab sich mit ihnen zur nähern Untersuchung in den Thurm. Und siehe da, das vermeinte Gespenst war niemand anders, als ein hier wohlbekannter alter Jude. Umsonst warf er sich auf die Knie und bot Geld, viel Geld; es nützte ihm nichts, er wurde gebunden und dem Gerichte überliefert. Er wurde, als er nicht gestehen wollte, was er in der Kirche zu thun gehabt, gefoltert, und bekannte nun, daß er kürzlich den Kelch entwendet und sich zum zweitenmale in die Kirche geschlichen, um auch noch die Monstranz, die er das vorigemal nicht habe mitnehmen können, zu holen.

Die Hostien hatte er in den Flicken, einem unfern der Stadt gelegenen Wäldchen, verborgen. Man führte den Juden dorthin, um die Stelle zu bezeichnen, doch er konnte sie nicht mehr finden. In der darauf folgenden Nacht vernahm jedoch ein Jäger, der spät von der Jagd heimkehrte, am Fuße eines Weidenbaumes wunderbaren Gesang und bemerkte die Hostien, welche vom himmlischen Lichte umgeben über der Erde schwebten. Eiligst lief er hieher und schnell zog die Geistlichkeit im Ornate aus und wie man den Kelch an die Hostien brachte, schwebten sie von selbst hinein.

(Mittermaiers Sagenbuch.)

thurm, nämlich **Albertus Magnus** und Geiselina, der Riesenkampf und der große Schimmel.

7) Eine Ansicht des ehemaligen Frauenklosters St. Agnes.

8) Ein Gemälde: Die Kronenwirthschaft, eines der ältesten Gebäude, worüber speziell gesprochen wird.

9) Das Porträt eines alten Stadtbeneficiaten im Hauskleide.

10) Das churpfalzbayerische Wappen aus Holz geschnitten.

11) Das Imhof'sche Wappen von Metall, gefunden bei Abgraben des alten Kirchhofes bei der Pfarrkirche. *)

12) Zwei Bildnisse, nämlich:

a) Des Nikolaus Reußner Professors am hiesigen protestantischen Gymnasium mit der Unterschrift:

Jmago Reusneri Juriscons. Consiliarii saxonici.
Effigies homo parva tua est, Deus; effigiem fac
Me quoque dum vivo, semper habere tuam.

c) des Johannes Sebastian Pfauser, kaiserlichen Rathes und protest. Kirchenvorstandes in Lauingen, der daselbst im 49. Jahre starb — zwei damals durch Gelehrsamkeit hervorleuchtende Persönlichkeiten.

Pfausers Bildniß trägt die Unterschrift:

Joannes Sebastianus Pfauserus D. Maximil. II.
Aug. Ecclesiastes.

Praeco, Caesar, eram tuus, Aemyliane: Lavingae
Praesul at hinc, pariter sum maneoque tuus.
MDLXIX.

Johannes Sebastianus Pfauserus Bodamicus, natus anno MDXX. Theologus egregius, fortis, constans diligens; praesenti magnitudine animi et consilii magna praeterea et eloquentia et dignitate praeditus: perpetuus orthodoxae fidei Evangelicae assertor. Divo Maximiliano II Aug. a sacris concionibus et consiliis: praesul demum et Antistes Ecclesiae Lavinganae in Palatina ditione fidelis.

Plane vir bonus et omnibus rebus ornatus. Obiit Lavingae apoplecticus anno Sal. MDLXIX aetat. XLIX VI. Junii.

12) Ein bei Restauration des Hauses Nro. 585 (dem Pa=

---

*) Der edle Imhof lag auf dem Pfarrkirchhofe begraben. Als man vor wenigen Jahren den längst nicht mehr benützten Pfarrkirchhof einebnete, fand man seine Ruhestätte, bezeichnet durch eine etwa 7 Schuh lange und 4' Schuh breite Steinplatte, in welche sein aus Metall gegossenes Wappen eingesenkt war. Dieses Wappen wird jetzt im städtischen Waffensaale aufbewahrt; — Imhofs längst in Erde verwandelte Leiche aber ist (blühen, vergehen und wieder blühen ist der ewige Kreislauf) wer weiß auf welchen Krautacker geführt worden.

piermacher Herrn Blank gehörig) in einem Gemäuer entdeckten und ausgehobenen Stein.

Der Stein in seiner Fläche über einen Quadratschuh groß, enthält in deutschen Chiffern die lateinische Inschrift:

Anno dmi 15.. (die beiden letzten Ziffern fehlen) obiit venerabilis hujus coenobii priorissa Ottilia veteria alias promerin.

(Im Jahre 15.. starb die ehrwürdige Priorin dieses Klosters Ottilia Veteria genannt Promerin.

13) Ein geharnischter Mann.
14) 25 Stück eiserne Pickelhauben u. Helme verschiedener Form.
15) sechs Doppelhackenbüchsen mit ihren Stützen.
16) Ein langes, zweihändiges Schwert — Riesenschwert gen.
17) Ein Brustharnisch.*)
18) Ein desgleichen erst vor einigen Jahren in der Donau bei Biblis gefundener solcher Brustharnisch mit Sand und Kieselsteinen überkrustet.
19) Neun Hellebarden der ehemaligen Trabanten.
20) Drei alte Fahnen, alle drei weiß und blau — dann schwarz und gelb gestreift. Die dritte Fahne hat die Jahrszahl 1768 und das Stadtwappen mit dem Mohrenkopf, dann der Umschrift ST. W. V. L. (Stadtwappen von Lauingen.)
21) Eine Standarte (Spaton von Metall — vergoldet) mit der Umschrift:

„Samuel, Barn von Schmettau. Sub tuum Praesidium."

22) Eine Cavalleriestandarte von rother Seide mit Goldquasten und goldenen Franzen — auf einer Seite den Mohrenkopf, auf der andern das Bildniß des heil. Johann Evangelist (wurde diese Standarte der Landwehr-Escadron ausgefolgt).

---

*) Harnische und andere Waffenstücke 2c. sollen früher in größerer Anzahl vorhanden gewesen; aber aus Mangel an Aufsicht verschleppt worden sein.

Im Jahre 1846 wurden die noch vorhandenen Antiquitäten auf Anordnung des damaligen Herrn Bürgermeisters Zenetti geordnet und zusammengestellt. Die in kreisförmiger Gruppirung aufgestellten alten Waffenstücke haben folgende Verse als Inschrift:

„Nicht zurückrufen laßt uns die alte Zeit,
„Wohl aber der Ahnen Kraft und männlich Walten,
„Nicht den Lehensdruck, nicht der Ritter Eisenkleid,
„Wohl aber die eisenfeste Treue der Alten!

23) Einige Straf- und Marterinstrumente z. B. ein Stock (in welchen die Maleficanten gespannt wurden) eine einfache und eine Doppelgeige, sogenannte Leibringe, Springer, Handschellen, Daumenschrauben ꝛc.

24) Ein großer Flurplan vom Jahre 1679 mit sehr zierlichen Malereien von dem Maler Brentele, wahrscheinlich Sohne des Brentele, der die Hofthurmgemälde gefertigt. Dieser Flurplan ist zusammengerollt in einem 6 Schuh hohen, hölzernen Futteral. Außerdem noch eine Anzahl geringerer alter Schaustücke. Manches wurde aus Mangel an Sinn für historische Denkmale um einen Spottpreis verkauft, z. B. eine große Anzahl antiker schöngeformter zinnerner Kannen mit dem eingravirten Stadtwappen, welche vom Stift Kaisheim in früheren Zeiten dem Rathe der Stadt verehrt worden und bei feierlichen Gelegenheiten weingefüllt aufgesetzt wurden.

Unter andern waren bei Bestehen des alten Rathhauses noch vorhanden zwei complete alte Männeranzüge von eigenthümlichem schwarzen Zeug — die Beinkleider mit Wildhäuten gefüttert — muthmaßlich, sagt Reichlin, Otto Heinrich's Waffenrock, dann ein großer uralter Degen, hölzerne Schuhe, eine Menge alter Gold- und Silbermünzen (Spitzbärtlsthaler) und einige Pretiosen, Perlenschnüre in einem höchst alterthümlichen Koffer mit äußerst künstlichen Schlössern, zu deren Oeffnung dreierlei Schlüssel erforderlich waren.

Im Gemäuer des alten Rathhauses fanden sich endlich etliche Stück Kugeln theils von gehauenen theils von Backsteinen, wie hier noch vielfältig, schließt Reichlin, (1763) an den Mauern und Häusern, wo sie angeschossen worden, eingemauert zu sehen sind.

In neuester Zeit sieht das gegenwärtige Rathhaus einer Restauration entgegen, indem das Steinmaterial vielseitig Schaden gelitten und nun statt der Steine aus Schnaitheim solche aus Nekarbenzingen verwendet werden.

§. 15.
Die St. Leonhardskirche.

Wenn der Wanderer die Stadt gegen die Donauseite zu verläßt und die Donaubrücke passirt hat, so leitet ihn linker Hand der Brücke ein zur Zeit von Kastanienbäumen begränzter, angenehmer Fußpfad zwischen Obstgärten zu einem dem heiligen Leonhard gewidmeten freundlichen Kirchlein, an welches zugleich das Meßnerhaus im Vordergrunde angebaut ist.

Dieses Kirchlein verdankt seinen Ursprung dem frommen, gläubigen Sinn unserer Ahnen. Es ist dieses Kirchlein sammt seinem Inhalt überhaupt ein Denkmal des frommen Glaubens und der kindlichen Einfalt einer dahin gegangenen Zeit.

Die Kirche fällt in ihrem Aeußern schon vielleicht dadurch auf, daß dieselbe in ihrem ganzen Umfange mit einer eisernen Kette umgürtet ist, zweifelsohne ein Gelübdezeichen*). Wann dieses Kirchlein fundirt worden, kann nicht mit Bestimmtheit angegeben werden, jedenfalls vor der zweiten Hälfte des 15ten Jahrhunderts. Ein Bau der Kirche hatte 1440 Statt und die Einweihung 1444. Die ursprüngliche Fundation der Kirche selbst mag vielleicht noch älter sein. Die Dokumente darüber wurden nach einer alten Handschrift zu Ulm gefunden und anhergegeben; es fand sich jedoch darin keine Jahrzahl angegeben. In diesem Dokumente ist auch der vielen geschehenen Wunderzeichen Erwähnung gethan, worauf sich, heißt es in obenerwähnter alter Handschrift: „christmilde Herzen sowohl in der Nachbarschaft als in hiesiger Stadt mit ihren Gaben solchergestalt beigesellt, daß nicht allein die Baukosten davon abstattet, sondern auch eine eigne

---

*) Ein Fuhrmann, der in Gefahr kam, nicht nur ein herrliches Gespann Pferde, sondern auch das geladene große Gut zu verlieren, habe sie, als er durch Fürbitte St. Leonhards der Gefahr entgangen, hieher machen lassen.

Pflegschaft darüber aufgericht und das ganze Jahr hinburch, sonderlich am St. Leonhardstag viel Wallfahrt dahin verrichtet wird."

Der frommen Sage nach ist die Kirche auf ausdrücklichen und mündlichen Befehl des heiligen Leonhard von einem hiesigen Bürger, dem der Heilige wiederholt erschienen, erbaut worden.

Wir lassen den Inhalt der in der Kirche aufgehängten Gedenktafel im Abdrucke folgen:

„Erstlich ist zu wissen, daß aus sonderbarer schickung Gottes des „Allmächtigen und zur aufwachsung St. Leonhards lang verschwiegener „Ehren eine uralte auf Papier geschriebene Schrift wunderbarlicher weis „an das Tageslicht herfür kommen, auf welcher, ohngeachtet sie übel zu „lesen, gleichwohlen so viel zu vernehmen gewesen, wie hernach folgt: „Des ehrwürdigen Gotteshaus ist der allererste Fundator und Anfänger „gewesen: Meister Balthasar der Orgel- und Lautenmacher. Diesem ist „im Schlaf fürkommen der heil. Leonhard, daß er sollt gehen zu St. Le„onhard und da er mehrmalen dahin gehen wollte, begegnete ihm der „heil. Leonhard, welcher zu ihm sagte: Du sollst mir eine Kapell bauen „und zeigte ihm Stadt und Ort mit der rechten Hand, also ist ihm Alles „im Schlaf 2 mal fürkommen und als er solches den Leuten kund ge„than, lachten und spotteten sie seiner, dessentwegen er das von dem hl. „Leonhard anbefohlene Bauen unterlassen, nichts destoweniger hat er zu „Ehren erstbemelten St. Leonhards ein Bild an eine Saul allba aufge„hängt, welches auch 4 Jahr verblieben; unter solch währender Zeit kam „obbemelter Anfänger in große Noth, in welcher er den heil. Leonhard „um Hilf mit dem Versprechen angerufen, daß er, wenn ihm geholfen „würde, den Bau der Kappellen, wie ihm 2 mal geträumt, anfangen „will, auf welches Versprechen alle Noth verschwunden; er aber hat von „seinen eigenen Mitteln angefangen zu bauen; in kurzer Zeit geschahen „viel und große Wunderzeichen, daß ein großer Zulauf von Leuten wurde, „welche viel und große Gaben und Almosen, welches zu Behilf des Baues „applicirt wurde, opferten. Gott und dem heil. Leonhard sei ewiges Lob, „Ehr und Preis gesagt!"

„Es ist zu wissen, daß dieses Gotteshaus zu bauen angefangen wor„den um den hl. Kreuztag Exaltationis anno Domini 1440. Jahrs und „eingeweiht worden 3 Tag vor St. Galli Tag Anno Domini 1444 und „zwar zu Ehren des heil. Leonhards, der Patron dieses Gotteshaus ist „und dann zu Ehren des heil. Joannes Baptista, St. Wolfgang, St. „Sebastian und des heil. Francisci. Joannes Bischof von Augsburg „hat 40 Täg töblicher Sünd und 1 Jahr läßlicher allen Menschen, die „ihr hl. Almosen anhero geben, dann mehr den römischen Ablaß, den „das würdige Gotteshaus von 14 Cardinälen hat, von deren Jedem 100 „Tag töblicher Sünd, zusammen 1400 Tag Ablaß, allen christglaubigen „Menschen, so reumüthig gebeicht und ein hl. Almosen anhero verreicht, „verliehen."

„Der Mensch, welcher diese Capell zu bauen angefangen, ist dreimal „in Rom gewesen, das erstemal im 30. Jahre seines Alters ledigen Stan„des, das andermal im 50., als im gnadenreichen Jahr, das drittemal „aber im 75 Jahre, welches war ein Jubeljahr und zwar nicht von

„eines Nutzens, sondern seines Seelenheils wegen. Dann ist er zweimal
„zu Köln bei den heil. 3 König und St. Ursula-Gesellschaft, mehr sehr
„oft bei St. Leonhard in Bayern gewesen und allezeit von eigenen Mit-
„teln gezehrt, auch nicht wegen eitler Ehr, sondern jederzeit um seines
„Seelenheils willen."

(Folgt nun der Ablaßbrief der heil. Leonhardi Kapellen vor dem
Donauthor).

„In was großem Ansehen und Heiligkeit diese Capell vor dem
„schwedischen Einfall gewesen, solches beweisen die auf einer besondern
„Tafel viel und großen Wunderzeichen: Obwohl aber bei dem schwedischen
„Einfall und andern eingeschlichenen Sekten und Ketzereien diese Kapell
„schier völlig ruinirt, Kirchenornate, und anders, so von gutherzigen Leu-
„ten verehrt und um Gotteswillen gegeben, entunehrt und zu weltlicher
„Ueppigkeit angewendet und gebraucht worden, ist dennoch aus sonder-
„barer Fürsehung Gottes und aus Fürbitt des heil. Leonhardus diese
„Kapellen niemals gar geschleift sondern jederzeit so viel möglich erhalten
„und wiederum gebauet worden. Nachdem aber das grundverderbliche
„Kriegswesen continuirlich seinen Fortgang gehabt, und anno 1646 die
„französische Armée an die Donau kommen, ist gleich bei Ankunft der-
„selben eine starke Garnison in Lauingen gelegt und nach diesem das
„Schanzen seinen Anfang von Neuem genommen und also was vermals
„von denen Schweden übrig gelassen, durch die Franzosen in völligen
„Ruin gebracht, massen dann alle um die Stadt stehende Baumgarten
„verderbt, die Bäume umgehaut, der Grasboden ausgestochen und zum
„Schanzen verbraucht, die schönen Oehlmühlen und Bleichhäuser und un-
„ter andern schönen Gebäuden auch diese heil. Kapelle bis auf die vier
„Hauptmauern, welche sonst mit keiner Gewalt abzubrechen gewesen, ab-
„gebrochen, ein s. v. Roß- und Viehstall daraus gemacht und im Grund
„auch der Stadt Lauingen zu unwiederbringlichen Schaden verderbt wor-
„den, welches also stehen verblieben bis auf das Jahr 1664, in welchem,
„wie man sonst jährlich zu thun pflegt, die Spitalrechnung im Beisein
„des jederweil anwesenden Dechants so damal gewesen ist der wohler-
„würdige und hochgelehrte Herr Magister Georgius Pistorius, Herr Jo-
„hann Michael Forster Amtsbürgermeister und Spitalpfleger, Herr Con-
„rad Schreiner Bürgermeister und Almosenpfleger, Stadtschreiber Herr
„Johann Hueber, Herr Mathias Wörnhör Spitalpfleger, Herr Jakob
„Baur Bauherr, Herr Johann Schmelz Zinsherr und des Rath allhie
„aufgenommen und ratificirt worden ist. Unter Anderm ist auch dieser
„h. St. Leonhardi=Kapellen gedacht und gleich, außer allem Zweifel durch
„sonderbare Einsprechung Gottes und Fürbitt des heil. Leonhard dahin
„beschlossen, solche Kapell, weil die 4 Hauptmauern noch stehen, wiederum
„zu erbauen angefangen und dazu ist ein Namhaftes hergegeben und folgends
„aus christlicher Beihilf und Steuer einer ganzen Burgerschaft und um-
„liegender Nachbarschaft aufgericht und wie jetzt vor Augen steht, durch
„Gott und frommer Herzen Beihilf erbaut worden. 2c."

Wie aus Vorstehendem zu entnehmen, hat die Kirche namentlich in Kriegszeiten öftere Demolirungen erlitten und ist im
Jahre 1664 das letztemal in ihrer gegenwärtigen Gestalt neu
aufgebaut und ausgemalt worden.

Die darin am Plafond befindlichen Gemälde haben außer der im Vordergrunde vorgestellten Stadt Lauingen Bezug auf die Wunderthaten, welche frommer Glaube dem heiligen Leonhardus zuschreibt.

Die Gemälde und Inschriften sind folgende:

Im Vordergrunde die Stadt Lauingen mit der Inschrift:
In der statt und auf dem landt
Bschitzet meine hilfreiche hand.

Ein Thurm mit den Symbolen des Kerkers.
Aus kerker und band
Mach loß ohn Anstand

Ein Betstuhl, aus welchem betend gefaltene Hände sich erheben.
Rufst du mich an
Hoffe zu mir

Eine Gesellschaft Lahmer und Krummer.
Heilt lame und krumme
Blind, ghörlos und stumme

Eine pesterfüllte Landschaft.
Wann die luft durchaus vergifft
er wendts, das dich gewiß nichts trifft.

Ein Haus, in welches eingebrochen wird.
Vor Mörder und Dieb,
Bschitz ich, den ich lieb.

Eine Arzneikammer.
Hilf ich Dir dann
z'Hilf komm ich dir.

Ohr- und Zahnleidende.
Aug- Ohren Zahnweh:n
Hilft er das Vergehen.

Ein Weidhaus und auf dem Feld weidende Thiere.
Auf der Weid und in dem stall
Bhüt er's Vieh vor dem hinfall.

Gemälde, auf welchem der hl. Leonhard in Begleitung eines Ordensbruders hinwandelt und eine mit Ketten vom Satan gefesselte Frauensperson trifft.
Von der band der größten Sünden
Durch mein hilf ich thu entbinden.

Eine Wöchnerin.
Ligst gefarlich in kindsnötten
Dessen fürbitt wird dich rötten.

Eine vom Hagel betroffene Landschaft.
Wider hagel, blitz und schaur
Bschitzt er burger und den baur.

Ein brennendes Haus und ein aus den Ufern getretener Strom mit schwimmenden lebenden und leblosen Wesen.
Wasser, feur nicht schaden kann
So du ihn rufst herzlich an.

Der heil. Leonhard steht am Bette eines schlafenden Mannes und deutet gegen eine Kirche.
Er aim burger in dem schlaf
Dies zu bawen (bauen) dreimal schaf (befahl).

Eine Kanzel mit untenstehendem Volk.
Lehrt die Kinder,
Belehret Ketzer und Sünder.
Ein Mann, von dem kleine Teufel ausfahren.
Ein Wort er nur sagt,
Die Teufel ausjagt.

Außer diesen Al fresco Gemälden befinden sich eine Menge sogenannter Votivtäfelchen an den Wänden der Kirche aufgehängt, welche auf die Unglücksfälle Bezug haben, deren Abwendung der Fürbitte des heil. Leonhard zugeschrieben wird. Solche Votivtafeln mögen in früheren Zeiten eine noch ungleich größere Zahl aufgehängt gewesen sein.*)

*) Unter andern ist auch eine Tafel aufgehängt „Jungfer Kümmerniß" mit einer Erzählung folgenden Inhalts:

Ein heidnischer König hatte eine wunderschöne Tochter, zu welcher viele ihrer Schönheit wegen hingerissen wurden. Dieß betrübte jedoch das gute Prinzeßchen in hohem Grade, und als heimliche Christin bat sie Christus, ihre Schönheit zu verderben, und sie hörte gleich eine Stimme schallen? „Wohlan du sollst mir gleichen!" —

Und von Stund an verwandelte sich ihr weibliches Angesicht in ein männliches, das mit stattlichem Barte geschmückt war. — Ihr Vater war furchtbar zornig, als sie ihm alles gestand und sprach: „du sollst noch mehr deinem gekreuzigten Gotte ähnlich werden und nach seinem Befehle kleidete man sein Kind mit einer groben Kutte, und ließ ihr von der vorigen Herrlichkeit nur die goldne Krone und die goldnen Schuhe, und nagelte sie mit den Händen an ein Kreuz, wo sie bald starb.

Nach mehreren Tagen zog ein armer Geiger des Weges, dessen Weib und Kinder zu Hause fast verhungerten. Da dachte er, wenn die gute Prinzessin noch lebte, gäbe sie gewiß, um meine Noth zu lindern, einen ihrer goldnen Schuhe und er fing unbewußt zu geigen an und siehe ein goldner Schuh löste sich vom Fuße der Prinzessin, den der Geiger in die Stadt trug und verkaufen wollte. Doch hier ergriff man ihn und führte ihn zu dem Könige, der ihn als Dieb des Schuhes zum Galgen verurtheilte; doch sprach der König: wenn auf abermaliges Geigen die Prinzessin auch den andern Schuh fallen lasse, sei ihm nicht nur verziehen, sondern er selber wolle Christ werden. Da fiel wieder beim Saitenklange ein Schuh und der König und Volk wurden Christen und die bärtige Prinzessin ehrbar begraben.

Unter dem Volke ging schon Jahrhunderte die Mähre, wer in große Noth komme und sich mit einem Bilde der Prinzessin Kümmerniß verlobe, dem werde geholfen, wie jenem armen Geiger.

Aufgehängt ist auch die Copie oder Abschrift des Himmelsbriefs, so Gott selbst geschrieben und auf St. Michaelstag in Brittania vor St. Michaelsbild hangt, welcher mit goldenen Buchstaben geschrieben und von dem heil.

Auf einer eignen Tafel sind die Gelöbnisse und Spenden der von Unglück und Leiden bedrängten und befreiten Personen verzeichnet, von denen wir einige Beispiele anführen.

„Ein Mann von Sontheim ist ein Reis in das Aug geschlagen worden, an welchem er große Schmerzen gelitten hat, sich daher mit einem Opfer von 100 Ziegelsteinen verlobt und ist gesund worden."
„Ein Mann von Höchstädt hat sich mit eisernem Arm anher verlobt."
„mit einem wächsernen Bild anher verlobt."
„mit wächsernen Augen verlobt."
„mit wächsernen Händen und Füßen verlobt."
„mit 1 Pfund Wachs."
„Eines Schusters Sohn von Gundelfingen war an beiden Füßen erlahmt, verlobte sich mit 2 eisernen Füßen hieher und wurde gesund."
„Ein Mann von Heidenheim, mit Namen Johann Schober, welcher mit Johann Schemchen nicht in allzuguter Freundschaft gestanden, griff diesen an und schlug ihn todt, auf welches Verbrechen er zu Höchstädt eingezogen und 3 Wochen im Thurn gelegen. Da er aber vom Leben zum Todt hingericht werden sollte, in solchem Elend verlobte er sich mit 4 Pfund Wachs anher zu St. Leonhard, stieg darauf aus und ab dem Thurm mehr als 2 gaden hoch, lief in die Spitalkirche und ihm wird gleich darauf nach vorheriger Ueberlegung der Sach das Leben geschenkt."

Der heilige Leonhard ist bekanntlich der Patron zur Abwendung der Krankheiten der Thiere und bei Viehseuchen war es früher Sitte, die von der Seuche bedrohten Thiere zur Segnung vor die Kirche zu führen. *)

An dem Feste des heiligen Leonhard fand nach alter Sitte der Umritt der Pferdebesitzer aus Nah und Fern um die Kirche statt, was allerdings im Laufe der Zeit Unfug im Gefolge hatte, weßhalb dieser Umritt verboten wurde. 1827 wurde durch Trommelschlag das Verbot des Umrittes bekannt gemacht.

Die St. Leonhardskirche ist auch die Stiftungskirche der schon oben erwähnten Hirtenbundbruderschaft.

An der östlichen Seite der Kirche ist das Stadtwappen „der Mohrenkopf" mit der Jahrzahl 1556 angebracht.

Michael gesandt worden und „wer ihn will anregen, von dem weicht er; wer ihn aber will abschreiben, zu dem neigt er sich und thut sich gegen ihn auf."

*) Anno 1797 grassirte in der Umgegend und hier eine heftige Viehseuche. Die leidige Viehseuche, sagt Kränzle in seinem Tagebuch, hat wieder neuerdings so heftig um sich gegriffen, daß bereits 17 bis 18 Stück des Tages daran gefallen sind. Man hat deßhalb am 26. und 27. May (1797) einen Bittgang zum hl. Leonhard und St. Johann Baptist gethan und am 1ten Tag das sämmtliche auf dem Platz versammelte Vieh mit dem Sanctissimum gesegnet, welches ein schauerlicher Anblick war indem das Vieh gar jämmerlich zusammenschrie.

§. 16.

Die Andreaskirche und das Beneficiatenhaus zu St. Andreas.

Am östlichen Ausgange der Stadt nahe dem Dillingerthor liegt die St. Andreaskirche.

Ueber das Alter der Fundation und Erbauung derselben ist nichts in Schriften vorfindlich. Die ältesten Stiftungsbriefe datiren aus dem 14. Jahrhunderte und wurde diese Kirche in den ersten Zeiten durch einen eigenen Priester versehen.

Der Sage nach (wie aus einer alten Handschrift zu entnehmen) soll diese Kirche älter sein, als die Pfarrkirche und in den frühesten Zeiten, ehe die Stadt vergrößert wurde, selbst die Pfarrkirche gewesen, in welcher Albertus Magnus sein erstes heiliges Meßopfer gelesen. *)

An die Kirche ist ein Thurm mit einem Spitzdache angebaut, ähnlich in Bauart und Höhe dem Spitalkirchenthurm, auf welchem 2 Glocken sich befinden.

Eine Restauration des Innern der Kirche hatte im Jahre 1862 Statt.

An den zwei Seitenaltären befinden sich Epitaphien auf Stein, das eine vom Jahre 1704 für einen Caplan Namens Hiller, das andere vom Jahre 1717 für einen Stadtvogt gleichen Namens. Eine gemeinschaftliche Gedenktafel von Holz für diese beiden Hiller, zweifelsohne Stammesgenossen, ist an der Wand auf dem Chore.

Gegenüber der Andreaskirche ligt das sogenannte Kaplanei- oder Beneficiatenhaus mit dem dazugehörigen Garten, in welchem der Beneficiat zu St. Andreas und der zweite Stadtkaplan ge-

---

*) Anno 1646 patres Dominicani apud Serenissimum principem Wolfgangum Wilhelmum institere pro commedenda sibi habitatione Lavingae praetensione fraternitatis Rosarii, patriae et capellae St. Alberti Magni etc. heißt es in der Augustinerklosterchronik.

sonderte Wohnungen mit Gartenantheil haben, während der erste Stadtkaplan das städtische Gebäude Nro. 184 b mit Garten vis a vis der Pfarrkirche zur Wohnung und Nutznießung inne hat.

Dieses Beneficiatenhaus zu St. Andreas war nach Verlassen des St. Agnesklosters in Weihgay der Aufenthaltsort der Klosterfrauen.

Im Jahre 1786 stiftete ein geborner Lauinger, Jakob Mayr, Pfarrer zu Irsching bei Ingolstadt in Verbindung mit der Stadtkammer wieder ein eignes Beneficium ad St. Andream, auf welches dem Stadtmagistrate das Präsentationsrecht zusteht.

Das Beneficiatenhaus in seiner gegenwärtigen Gestalt wurde in den Jahren 1786 und 1787 erbaut und im nämlichen Jahre, wie der Pfarrhof d. i. im Jahre 1860 restaurirt.

§. 17.

Das Schloß.

Am südwestlichen Ende der Stadt, der Pfarrkirche gegenüber und von dieser durch die Hauptstraße und den Häusercomplex in der Gasse, welche die Hölle genannt wird, getrennt ligt das stattliche Schloßgebäude. Dasselbe besteht aus dem eigentlichen Schlosse mit zwei runden Thürmen und dem freigelegenen durch den Hofraum des Schlosses von diesem geschiedenen sogenannten Salzstadel, dann dem Schloßthorwartshause. Von drei Seiten ist es mit Gärten und der sogenannten Schloßschanze umgeben; östlich gränzt es an die Gasse, welche, wie erwähnt, die Hölle genannt wird. Man genießt von dem Schlosse aus eine herrliche Aussicht in das Donauthal und auf die dasselbe begränzenden Höhen. Unterhalb des Schlosses zu dessen Füßen ligt die von ihm benannte Schloßmühle.

Ueber den Zeitpunkt, wann die Menschenhand den ersten Baustein zu diesem Gebäude gelegt hat, läßt sich nichts Sicheres ermitteln, obwohl man mit großer Wahrscheinlichkeit annehmen kann, daß die schöne günstige Lage schon in den frühesten Zeiten hiezu eingeladen haben wird, vielleicht schon damals, als die Römer in unsern Gegenden hausten.

Herzog Stephan III. der Kneyssel von Ingolstadt soll im Jahre 1390 das Schloß in seiner gegenwärtigen Gestalt gebaut haben, denn wenn die Geschichte von einem neuen Schloßbau im Jahre 1475 spricht, der in der wuchen zu Bartholomä 1475 unter Herzog Georg dem Reichen, welcher sich oft mit seinem Hofstaat hier aufhielt, angefangen und bis auf unser lieben Frawentag lichtmeß anno 1476 gewährt hat, so geht schon aus der kurzen Bauzeit hervor, daß hier nur eine Restauration — höchstens eine Vergrößerung der bisherigen Gebäude Statt hatte.

In einer alten Handschrift lesen wir:

„So viel ist wohl wissend, daß vor alt Zeiten von der Gassen, „die Höll genannt, Häuser von dem Fürsten erkauft uud deren

„Platz zu dem Schloß gezogen wurden, daraus so viel zu schlie„ßen, daß, weil das Kaisersheim'sche Haus auch daselbst ge„standen (1307) und laut Vertrags der Stadt gegen den Platz, „da es noch dieser Zeit steht (Rentamtsgebäude), abgetreten „worden, solch abgetretener Platz zu dem Schloß nebst andern „erkauft und dahin das fürstliche zum Schloß gehörige Kasten„haus gebaut worden sein."

„So viel von alten Leuten gehört, soll das Schloß wegen „vielfältig dazu erforderten verfluchten Frohndiensten „**Fluchen**„**stein**" genannt worden sein."

Den oben erwähnten Neubau betreffend, ligt ein Auszug aus der Rechnung über das unter der Direktion des Baumeisters Heinrich Beham zu Lauingen zu Stand gebrachten neuen Schlosses und was selbes ausschlüssig der Frohndienste gekostet hat, de anno 1475 und 1476 vor.

Nach dieser Rechnung kostete der Bau in Gold 616 Gulden rheinisch — den Gulden zu 7 β gerechnet und in Münz 942 ℔ 6 β 7 Pfennige oder zusammen den Gulden zu 7 β 2 Pfennige gerechnet 1486 ℔ 7 β 9 Pfennig Landshuter Währung.

Die erste merkwürdige Ausgabe lautet:

„Ausgab dagegen und zum ersten umb die Hofstatt. Item „Ausgab durch gescheft (auf Anschaffung) Gabriel Harbacher „Rentmeisters auf Aftermontag nach des heiligen Kreutztag „exaltationis den von laugingen und Hansen angst Burger da„selbst umb ein garten zu der Hofstat des Schloß zu laugin„gen nach inhalt der Quittung, so ich darüber empfangen han, „14 Gulden*) rheinisch zu 7 β 2 dl.

Auch der baulustige Herzog Ott Heinrich zog das hiesige Schloß in das Bereich seiner Bauunternehmen; namentlich ist das in den Schloßgarten führende Thor, bei welchem im July 1618 die Executionstruppen unbemerkt einrückten, sein Werk, wie die dort befindliche Inschrift bekundet: Neben dem pfalzneuburgschen Wappen und der Jahrzahl 1555 ist zu lesen: Otto Heinrich von Gottes Gnaden Pfalzgraf bei Rhein, Herzog in Ober- und Niederbayern. G. T. R.

Herzog Wolfgang (1559—1569) ließ das Schloß zum Wittwensitz für seine Frau Mutter Elisabeth, Pfalzgräfin bei Rhein,

---

*) Wir können hieraus wieder entnehmen, welch hohen Werth das Geld zu damaliger Zeit hatte. Während hier ein Garten zu 14 fl. erkauft wird, erhielt nach dem Herzoggeorgstiftungsbrief eine Jungfrau als Heirathgut 16 fl.

Herzogin in Bayern, geb. Landgräfin von Hessen herrichten, die auch am 5. Juny 1563 im 61 Lebensjahre im Schlosse starb und in der Pfarrkirche begraben ligt. Von dem Schlosse aus zur Pfarrkirche bewegte sich auch am 16. Sept. 1604 das Leichenbegängniß des Herzogs Otto Heinrich, dritten Sohnes des Herzog Wolfgang von Zweibrücken und Neuburg, Herzog zu Sulzbach, worüber noch zwei Kupferstiche vorhanden, auf denen die Kostüme der damaligen Zeit zu ersehen. Schloß und Schloßhof waren in den Julitagen 1618 Zeuge und Schauplatz einer großen Bewegung, als nämlich die Wiedereinführung der katholischen Religion in den pfalzneuburgischen Landen durch Herzog Wolfgang Wilhelm vollzogen wurde. Oft und viel hielten sich die Herzoge hier auf und viele und wichtige Unterhandlungen hatten hier statt. Hier wurden auch nach dem am 19. Juli 1462 von Herzog Ludwig dem Reichen über seinen Gegner — Kaiser Friedrich III., vielmehr dessen Feldherrn Markgraf Albrecht Achilles erfochtenen Sieg bei Giengen die Friedensunterhandlungen gepflogen. Das Schloß bildete namentlich wegen seiner fortifikatorischen Lage auch einen Hauptpunkt der ehemaligen Festungswerke. Es befinden sich unter demselben große feuerfeste Gewölbe und unterirdische Gänge (ein solcher soll der Sage nach bis zum Schlosse in Haunsheim geführt haben). Von Bedeutung war die an der Westseite des Schlosses gelegene Schanze selbst noch am Anfange des gegenwärtigen Jahrhunderts.

In den ersten Tagen des Juny 1800, da die kaiserliche (österreichische) Armee sich gegen die jenseits der Donau heranziehenden Franzosen hier zu halten suchte, hat die Bürgerschaft die erwähnte Schanze nebst zwei ganz neuen Schanzen im Zwinger und auf der Bleiche bei dem übelsten Wetter unter vielen Musketenkolbenstößen und Stockschlägen aufwerfen müssen. (Die Schloßschanze, ursprünglich schon bestehend — wurde nur erhöht.)

„So hart, heißt es in einem Manuscript, diese Schanzerhöh„ung, den armen handscharwerkpflichtigen Bürgern gefallen, so „gute Dienste leistete solche am 19. Juny 1800, als unter dem „französischen General Schiner eine feindliche Division von Mor„gens 4 Uhr bis Abends 3 Uhr von der Donauseite her die Stadt „allarmirte und beschoß; denn von dieser den Donaustrom und die „ganze Gegend dominirenden Schanze ist die feindliche Haubitze, „welche vom Holz heraus über die sogenannte Kuttelfleck gegen die „Stadt agirte, auf den zweiten Schuß von einem geschickten kai„serlichen Feuerwerker demontirt (die Räder abgeschossen) worden, „so daß die Feinde bei Mangel groben Geschützes nur mehr mit „Kleingewehrfeuer die Stadt beschießen konnten."

Unterhalb dieser Schanze, welche nun einen Theil des Schloß-
gartens bildet, fließt eine ergiebige klare Quelle des besten Was-
sers und gilt selbe bei einigen für einen Gesundbrunnen.
In den Jahren 1741 und 1745 wurden nach vorliegender
Rechnung umfassende Reparaturen am Schlosse vorgenommen.
Im Jahre 1709 war dort ein fürstliches Bräuhaus etablirt. *)
In spätern Zeiten diente es theilweise als Salzmagazin, dann
auch zur Aufspeicherung von Getreide. Seit vielen Jahren steht
es unbewohnt. Außer dem kürzern oder längern Aufenthalte
fürstlicher Personen war dasselbe auch zum Wohnsitze für die jeweiligen Pfleger bestimmt. Der letzte Bewohner Namens Neu-
gebaur — eine als Sonderling nicht uninteressante Persönlichkeit
starb vor einigen Jahren (1859) darin. In dem von demselben
und seinen ihm vorausgegangenen Verwandten bewohnten Theile
des Schlosses (östlichen Flügel) hat der königliche Postexpeditor
Herr Mösl eine reichhaltige sehenswerthe Sammlung von Alter-
thümern niedergelegt. Die übrigen Räumlichkeiten sind an Private zur Aufbewahrung von Futter und Getreidevorräthen ꝛc.
verpachtet. Vor ein paar Jahren war die Stadt nahe daran,
den Schloßcomplex vom königl. Aerar um den Schätzungspreis
von 10,000 fl. zu erwerben. Die Kaufsunterhandlungen zerschlugen
sich jedoch wieder — unter andern besonders wegen der der Käu-
ferin zugemutheten Unterhaltungsverbindlichkeit der Gebäude.
Als alle Theile des Schlosses noch in gutem baulichen Zu-
stande waren, namentlich die Mauern und die Thürme noch mit
Zinnen geschmückt, mag es auch in baulicher Hinsicht eine Zierde
der Stadt gewesen sein, nunmehr droht es außer dem noch immer
wohlerhaltenen sogenannten Salzstadel immer mehr Ruine zu
werden, wird aber auch als solche immerhin noch eine Zierde der
Stadt und Gegend bleiben. Durch einen Brand in der Nacht
vom 12 auf den 13. July 1858 hat es seine Physiognomie ziemlich verändert. In den Abendstunden des 12. July schlich sich ein
Blitzstrahl unbemerkt in das spitze Kuppeldach des westlich gele-

---

*) In der Augustinerklosterchronik heißt es:

„1708 Sept. ist angefangen worden, von dem churfürstl. Hofraths-
„präsidenten Herrn v. Freiberg, das Schloß zu visitiren und solches zu
„einer Braustatt zu machen. Während das Bräuhaus im Schlosse war,
„war er allen Wirthen und Brauern verboten, weißes Bier zu sieden und
„mußte solches im Schlosse geholt werden. Das Bräuhaus im Schloß ist
„mit großen Kosten des Landesfürsten aufgerichtet. nach kurzer Zeit aber
„mit großen Schaden desselben 1716 wieder aufgehebt und unterlassen
„worden.

genen Thurmes (des höhern von den beiden Thürmen). Anfangs glich der sichtbare Brand nur einem Lichtlein von ferne, bis die Feuerzungen in dem Gebälke weiter zehrten. Die Thurmfahne mit dem rings ausgebrannten Gebälke stürzte hinab in die Rundung des massiven Gemäuers und erst hier erlitten die Flammen theils durch menschliches Zuthun theils und wohl noch mehr durch die heftig niederstürzenden Regengüsse eine Niederlage, außerdem der Stadt großes Unglück gedroht hätte, wenn nämlich der Dachstuhl des Schlosses von den Flammen ergriffen worden wäre.

Es war ein großartiges — wehmutherregendes Schauspiel, wieder ein Stück alter Herrlichkeit in Schutt sinken zu sehen; ein wehmüthiges Gefühl überkam beim nahenden Morgen nicht mehr unverändert schauen zu können, an was des Kindes, wie des Greises Blick seit Generationen gewohnt war, den Träger der Erinnerungen alter denkwürdiger Zeit. Der Thurm war verstümmelt*)

Zwar wurde im Jahre 1863 die verbrannte Thurmesspitze durch ein neues flaches Dach ersetzt. Doch, als wenn der stattliche Bau dieser Nothbedeckung sich schäme, gab er dieselbe am 9. May 1865 einem Gewittersturme preis. Gleich einem fliegenden Drachen schwebte das Dach einige Sekunden in den Lüften und senkte sich dann mit gewaltiger Wucht in den nahegelegenen Garten des Schloßmüllers hinunter.

Möchte der lang gehegte Wunsch zur Wahrheit werden, daß dieses durch seine schöne und gesunde Lage sich auszeichnende Gebäude dem allmähligen Verfall entrissen und nach entsprechender Restauration einem öffentlichen gemeinnützigen Zwecke zc. anheim gegeben werde!

An Visitationen und Plänen hat es bis jetzt nicht gefehlt. Schon aus dem vorigen Jahrhunderte liegen Pläne behufs Adaptirung des Schlosses zu einer Militär-Kaserne vor.

---

*) Wie aus der Augustinerchronik zu entnehmen, scheint dieser Thurm auch im Jahre 1691 vom Blitze getroffen worden zu sein. Es lautet nämlich eine Aufschreibung vom 29. April 1691. „fuerunt tonitrua et corruscationes. tonitru percussit turrim majorem in arce hic et totum tectum fuit combustum. (Die alte Zeichnung von dem Schlosse 1604 zeigt diesen Thurm an seiner Spitze noch mit Zinnenthürmchen geziert).

§. 18.
Von einigen Privat- und sonstigen städtischen Gebäuden.

Da die Stadt Lauingen an einem Bergabhang gegen die Donau zu ligt, so lehnen sich mehrere Gebäude nahe dem Flusse gegen das Donauthor zu d. i. im Weber- oder I. Stadtviertel gelegen mit ihrer Rückseite an die Bergwand, sind gleichsam an diese angebaut, so daß das erste Stockwerk gegen die Rückseite zu nicht frei ligt, sondern der Berg die Rückwand bildet und erst der zweite Stock einen Ausgang und eine freie, offene Aussicht gewährt.

Es scheinen, wie schon an anderer Stelle gesagt ist, die ersten Ansiedlungen in diesem Stadttheile geschehen und hier die ersten Häuser gebaut worden zu sein.

Unter die ältesten Gebäude gehört wohl in erster Stelle das unfern des Donauthores gelegene Gasthaus zur Krone.

Dieses Haus ist auf sogenannten Eichenrost gebaut d. i. starke eichene Säulen baukunstgerecht gefügt, bilden gleichsam das Knochengerüste, während die Wandungen des Gemäuers dazwischen ganz dünn und schwach erscheinen. Das Kronenwirthschaftsgebäude ist ein schöner stattlicher Bau und zeugt von einer guten alten Zeit; daher wohl schon mancher Fremde hier einige Minuten in Betrachtung geweilt hat, namentlich bevor die Hand der Neuzeit allmählich die Spuren des Alterthums zu verwischen gesucht hat.

Verschwunden sind längst die kleinen runden verbleiten Fensterscheiben in den gewaltig breiten Fensterstöcken. Hinweggenommen sind die oberhalb der Hausthüre angebrachten auf hölzernes Getäfer gemalten Wappen mit den Unterschriften:

Hans Jakob von Rietheim 1584,
Hans Conrad von Reinek,
Conrad von Papenheim des heiligen Römischreichs Erbmarschallk zu Werding (Wertingen) und Hohenreichen,
Maximilian von Stein auf Reisensburg,
Wolf Dietrich von Auw,

Melchior Thum von Neuenburg (Neuburg),
Sebastian Lesotta von Streblaw,
Sampsun von Buebenhofen,
Wilhelm Fogt von Finningen zu Erfing.
Hans Christoph Necker 1585.
(Letzterer vielleicht der Name des Gastgebers).

Verschwunden ist die große hölzerne Tafel mit dem Gemälde eines Doppeladlers mit ausgebreiteten Schwingen in Mitte der Hauptfronte, welche schwer die Inschrift enträthseln ließ:

„(Ist Krieg in aller Welt)
„Haben Reutter und Landsknecht Geld."

Noch hält allerdings ein gewaltiger Eisenarm den gewichtigen schön gearbeiteten eisernen Aushängeschild „die Krone" heraus, der einst die Ritter, Knappen und Landsknechte gastlich in die Herberge geladen haben mag, wo sie weidlich die vollen Humpen geleert; doch hat längst die lüsterne Zeit das Gold und die Farben weggeleckt und der Rost nagt langsam an den festen Eisentheilen.

Einige halten dafür, es sei das Gasthaus zur Krone eine Besitzung des Deutschordens gewesen.

Im Munde des Volkes gilt die Krone als ehemalige Ritterherberge, auch ehemaliges Reichsposthaus. So viel ist gewiß, daß die Krone eines der ältesten Gasthäuser dahier ist.

In dem Rathsprotokolle vom Jahre 1628 lesen wir:

„Melchior Prommer, gewester Kronenwirth begert seine Gastbe=
„hausung zur Krone gegen Melchior Mayr's Bierpräuerei zu ver=
„tauschen.

„Obwohl nun ein ehrsamer Rath ungern daran kommen, diese
„Behausung, weil sie über 100 Jahr eine Gastherberg gewesen, zu
„einer präustatt zurichten zu lassen, so hat man doch dergestalt darein
„consentirt, daß nit allein erstlich der Schild oder das Zeichen „der
„guldenen Kron" verbleib, sondern auch hohe und niedere Standes=
„personen, so daselbst einkehren wollen, beherbergt und nach standsge=
„bür traktirt werden sollen, wie er denn zu diesem Ende den Wein
„bei andern holen lassen mag. Melchior Mayr hat hierauf 8 Tag
„bedacht begehrt.

Im Rathsprotokoll vom 5. Februar 1633 heißt es:

„Melchior Mayr, Gastgeber bei der guldnen Kron allhier bitt ein
„ehrsamen Rath wegen Ausquartirung Herrn v. Ofte (schwedischen)
„Statthalters zu Dillingen, welchen er bereits eine gute Zeit mit
„großen Unkosten sammt seinen Leuten ausgehalten, aber ihm weiters
„auszustehen unmöglich, dann er von Haus und Hof weichen müßt,
„hierauf Hr. Bürgermeister und Rath dem Mayr befohlen, daß er

„dem Herrn v. Oste, weil derselbe zu Dillingen als Statthalter sein „Quartier habe, weiter nichts reichen soll, er wölle dann seinen Pfen= „nig zöhren.

Bei der Restitution des Augustinerklosters an die Augustiner im Jahre 1656 wurde in der „Krone" die Gasterei der Extraditionscommission gehalten: „deinde instituta coena vespertina in caupona ad coronam prope portam Danubii, cui interfuere D. D. consules, archigrammateus aliique, consumptique circiter 10 fl." heißt es in der Klosterchronik.

Künstlich gefertigte Tischlerarbeiten bekunden, daß hier auch die Zunftherberge der Tischler war.

Neben der Krone befindet sich das Gasthaus zum Adler, in Größe und Bauart dem der Krone ähnlich. An den alten Gebäuden rankt sich folgende Sage hinauf:

An der Stelle, wo sich jetzt die beiden Gasthöfe befinden, erhob sich aus der Zeit herstammend, wo Lauingen noch ein Dorf war, ein großes weitläufiges Gebäude, dessen Besitzer neben einer ausgebreiteten Oekonomie eine Wirthschaft betrieb. Ritter und Ritterfrauen, Edelknechte und Knappen wie dienstsuchende Reisige kehrten häufig ein und zechten wacker. Der Besitzer des Gasthofes hatte zur Bezeichnung desselben kecken Muthes das deutsche Reichswappen, den Adler mit der Kaiserkrone hinausgehängt. Als er starb, wollte jeder seiner Söhne das väterliche Anwesen haben und da sie Zwillinge waren, konnte nicht einmal das Recht der Erstgeburt entscheiden. Beide Brüder standen in der Blüthe des Lebens frisch und fröhlich und der Waffen kundig, hatten sie ja oft genug mit den Gästen ihres Vaters zur Uebung gefochten und auch im Ernste schon tapfer darein geschlagen, wenn die Sturmglocke die wehrhafte Jugend der Stadt zum Zuge gegen die Raubritter des Donaugaus rief.

Ungeachtet ihres Streites um die väterliche Hinterlassenschaft, kamen die beiden Brüder fast ein Jahr lang ziemlich gut miteinander aus, bis der eine, „Werner" geheißen, sich mit einer ehrbaren Bürgerstochter verlobte und mit deren Heirathgute dem Bruder das Recht auf sein Anwesen ablaufen wollte. Als er aber dieses offenbarte, war sein Bruder vor Zorn ganz außer sich. „Mein väterliches Erbe verkaufe ich um ein Kaiserthum nicht" schrie er trotzig. „Bestehst du aber so sehr auf dem Besitze desselben, wohlan, du kannst es umsonst erhalten oder du mußt ihm für immer entsagen. Laß uns kämpfen. Wer fällt, hat die Wunde, wenn nicht den Tod; der Sieger mag Herr des Hauses sein!

(In alter Zeit war ein solches Entscheidungskämpfen zwischen Brüdern nicht so selten. In der Nähe von Altötting liegen kaum 1 Stunde von einander entfernt zwei Kapellen auf Stellen errichtet, wo Brüder um ein Besitzthum streitend, mit Büchsen auf einander schossen. In beiden Fällen blieben beide todt.)

Des Bruders höhnische Rede ergrimmte auch Werner, und rasch griff er auch nur noch einen Augenblick zu bedenken, nach dem Seitengewehr, das damals jeder Mann an seiner Hüfte trug und und in wenig Augenblicken hieben und stachen die beiden Brüder wüthend auf einander los und der entsetzliche Kampf endete erst, nachdem Werner durch einen Stich in die Brust getroffen mit lautem Aufschrei zu Boden stürzte.

Es war als ob dieser Anblick die Denkungsart des kaum so leidenschaftlichen Klaus gänzlich veränderte. Denn außer sich vor Schreck stürzte er zu dem Hingesunkenen und bemühte sich das Blut zu stillen, das aus dessen Wunde quoll; doch vergebens. Die Dienstboten waren herbei geeilt und drängten in ihn, sich zu flüchten, bevor das Gericht sich seiner bemächtige. Willenlos ließ sich Klaus bewegen ein Pferd zu besteigen — aber dann ritt er, als wollte er dem eignen schmerzlichen Bewußtsein entfliehen, im sausendem Galopp über die Donaubrücke und über die Haide. Ihm begegneten Dienstmannen des Ritters von Ellerbach, der eben im Begriffe stand mit Herzog Leopold von Oesterreich in den Krieg gegen die Schweizer Bauern zu ziehen. Schnell trat Klaus in dessen Dienste und bald brach man von Burgau auf.

Wohl war es ein wunderschönes Ritterheer vom Kopf bis zum Fuß geharnischter Mannen, das Herzog Leopold gegen die Schweizer führte, welche außer Lanzen und Schwerter und ein um den Arm gebundenes Brettlein nicht viel andere Waffen besaßen als unerschrockenen Muth und das Bewußtsein für Haus und Hof, Weib und Kinder zu fechten. — Bei Sempach kam es zur Schlacht, die Ritter stiegen von den Rossen, und ihre Speere, wie eine eiserne Mauer vor sich hinhaltend, gingen sie auf die Schweizer los, die auf den Knien Gott um Beistand flehten. Ihrer waren nur 1500, und ihrer Feinde 8000 der tapfersten des deutschen Adels. Lange blieb das Gefecht zweifelhaft bis ein Schweizer Arnold der Struthan von Winkelried es entschied. Er umschlang ein Dutzend der 18 Schuh langen Speere der Ritter und rief aus: ich will euch eine Gasse machen; sorgt für mein Weib und Kinder Traute Eidgenossen, gedenket meines Geschlechts! begrub die Spieße in seine Brust und riß sie, wie er denn ein großer und starker Mann war, im Fallen mit sich zur Erde. Ueber seine Leiche drangen seine Gefährten in die Lücke des furchtbaren Lanzenwaldes und erschlugen grimmig ihre Gegner, die in ihrer Hitze fast verschmachtend und schwerfällig nicht lange widerstehen konnten. Viele hundert Grafen, Freiherrn und Ritter fanden da den Tod, auch ihr Anführer Herzog Leopold.

Klaus, der zur Rettung seines Herrn herbeigeeilt war, lag schwer verwundet auf dem Schlachtfelde und glaubte mit dem Tode sein Vergehen gegen den Bruder gut zu machen. Als am Tage nach der Schlacht die Schweizer die Todten plünderten, nahm sich einer derselben des Verwundeten an, schützte ihn gegen die Drohungen seiner Landsleute, nahm ihn mit sich nach Haus und verpflegte ihn sorgfältig. Klaus genas wieder und blieb Jahr und Tag im Bauernhause der Schweiz ein düsterer, verschlossener Mann, den man niemals lächeln sah; denn sein Gewissen ließ ihm keine Ruhe. Endlich nahm er Abschied von der biedern Schweizerfamilie, die ihn nur ungern ziehen ließ und wanderte, ohne der Pracht der Ufer des Bodensees, der Lieblichkeit der Natur im Allgau die mindeste Beachtung zu schenken, der Heimath zu.

Als er aber beim Donauthor hereinschritt, fand er nicht das älterliche Wohnhaus; an dessen Stelle standen zwei Häuser, welche sich in ihrem Aeußern nur wenig von einander unterschieden. Und als er in die Wohnstube des einen Hauses trat, um zu fragen, wie sich das alles verändert habe, trat ihm gesund und lebensfrisch sein Bruder Werner, den er getödtet zu haben glaubte, mit ausgebreiteten Armen entgegen, drückte ihn liebevoll ans Herz und rief: „Sei tausendmal willkommen, liebster

Bruder, ich lebe und nimmermehr soll zwischen uns beiden Streit und Unfrieden herrschen!" Und als sich beide von der ersten Ueberraschung erholt hatten, fuhr er fort: „Siehe ich habe die Ursache unseres Zwistes, das Haus niederreißen lassen, und ließ zwei gleiche Wohnungen errichten, wähle, und willst du diese, so ziehe ich in die andere, willst du jene, so bleibe ich hier!" Und bald begrüßte auch Werners Weib den Bruder des Gemahl und ihre Kinder umsprangen fröhlich den Onkel.

Klaus nahm das leerstehende Haus in Besitz und die beiden Brüder theilten das Wappen, das ehemals die väterliche Schenke bezeichnete. Werner nahm den Reichsadler und Klaus die Krone. Als ehemaliger Kriegsmann erhielt Klaus vielen Zuspruch von den Rittern der Gegend, sie wählten seinen Gasthof zu ihrem Versammlungshause und Briefe und Sendungen aller Art an jene Ritter, deren Wappenschilde an der Vorderseite des Hauses bis auf den heutigen Tag angebracht sind, konnten hier abgegeben werden.

Ohne Zank und Hader lebten die beiden Brüder ferner zusammen und als Klaus nach Jahr und Tag ein niedliches Schweizermädchen, die Tochter des wackern Landmannes, der ihn vom wüsten Schlachtfeld gerettet, zum Weibe nahm, da war die Freude und der Jubel in Lauingen groß, und wohl oft haben seitdem Geigen und Flöten im Gasthof zur Krone aufgespielt und die Fenster von den Tritten der Tanzenden erklirrt, aber niemals so, wie an dem Tage, wo Klaus Hochzeit mit dem Beneli aus Unterwalden hielt.

Das Hs.-Nro. 299 in der Brüdergasse neben der Sonnenwirthschaft war früher das Gasthaus zum Kreuz — nunmehr eine Schmiede. Dieses Haus zeigte, wie Reichlin sagt, an der Thüre des uralten Getäfers im obern Zimmer die Worte: Vive memor lethi. 1598 (Lebe des Todes eingedenk) an der untern Stubenthür: 1600.

In der untern Stube des Rosenwirthshauses fand man an der Decke des alten Getäfers die Jahrzahl 1486.

„Obwohl dieses Haus, sagt Reichlin schon vor mehr als 80 „Jahren, einen modernen Baustyl zeigt, so sind die Grund- „mauern doch alt, indem der frühere alte Bau bis auf das „Parterregeschoß abgebrochen und von da aus der Neubau „Statt hatte.

An dem Hofthore des ehemals sogenannten Herzlsgerberschen Hauses (Hs.-Nro. 146) befindet sich das herzoglich württembergsche Wappen eingemauert.

An der Rückwand des Hauses Nro. 397 in der Brüdergasse befindet sich oben folgende Inschrift mit alten deutschen Buchstaben:

„In gottes namen will Beschwören Ich,
„Durch Gallä's Syxen byn er Baen ich."

Der zweite Vers ist unverständlich und hat entweder auf eine spezielle Zeitbegebenheit rc. Bezug oder es ist vielleicht im Laufe der Zeit die ursprüngliche Schrift verwischt, später fälschlich erneuert worden, so daß der Vers etwa heißen soll:

„Durch Gottes Segen bin erbauet ich."

Das Gebäude Hs.-Nro. 21½ sogenanntes Hallgebäude war in frühesten Zeiten der städtische Wein- und Salzstadel; später wurde es dem königlichen Mauthamte käuflich überlassen und nach Aufhören desselben erwarb es 1835 die Commune wieder um 3300 fl., um es zu Wohnungen der Lehrer zu adaptiren. In diesem Jahre wurde auch der bis an die Fahrstraße gehende Vorbau, in welcher die Güterhalle war, zur Verschönerung der Straße abgebrochen. Die mechanische Waage, welche sich noch im Parterregeschoße des Gebäudes befindet und die städtische Waage bildet, wurde vom kgl. Hauptzollamt speziell um 315 fl. für die Commune erworben.

Als im Jahre 1836 der Umbau des alten Waaggebäudes, das sich an den linken Flügel des Rathhauses anschloß, beschlossen und zur Ausführung gebracht wurde, in welchem nunmehr parterre das Feuerhaus und das Archiv, im ersten Stock das Rathzimmer ꝛc. sich befinden, wurden folgende städtische Gebäude an Private veräußert:

Der Zehentstadel Hs.-Nr. 332a um 1525 fl.

Das Zehentmeisterhäuschen in der Nähe, Hs.-Nr. 332b um 451 fl.

Das Cantorhaus Hs.-Nro. 341a um 450 fl.

Die Präceptorie — Präceptorwohnung Hs.-Nro. 341b an den Pfarrhof stoßend um 1002 fl.

Die sogenannte Weberschau, in welchem Haus parterre die allgemeine Fleischbank behufs der Fleischschau war — nunmehr abgetheilt in Hs.-Nr. 634a 634b 634½ um 820 fl.

Die sogenannte Schupfe (608a) neben dem Hofthurm um 1800 fl. (nunmehr in 3 Wohngebäude abgetheilt).

Auch das Werkhaus war bereits zum Verkaufe bestimmt und schon ein Meistgebot von 690 fl. erzielt. Es wurde jedoch die Genehmigung versagt und unterblieb der Verkauf ganz.

In frühern Jahren schon hatten folgende Verkäufe von städtischen und Stiftungsgebäuden statt:

1802 verkaufte die Commune das sogenannte Kaiser'sche Haus Hs.-Nr. 605a an den Kaufmann und Spediteur Benjamin Mast um 7050 fl., welcher dasselbe von Grund aus prachtvoll restauriren ließ und nun das Gasthaus zu den drei Mohren ist. (seit 1830).

1810 verkaufte die Stadt den Tränkthorthurm um 115 fl.

ebenso den Dillingerthorthurm um 208 fl., im Jahre 1817 kaufte sie ihn wieder zurück um 260 fl.

1826 wurde das Thorwarthaus Nro. 437 beim Dillingerthor verkauft mit dem Vorbehalt, daß die Stube parterre in Kriegszeiten für die Einquartierungscommission geräumt werden müsse.

1828 verkaufte die Herzoggeorgstiftung den Zehentstadel in Dattenhausen — herrührend aus der Zeit, als der Dattenhauser Zehend noch in natura eingedient wurde, an den Wirth Hegele in Dattenhausen um 250 fl.

1831 verkaufte die Stadt die ehemalige städtische Nachrichterbehausung über der Donau um 275 fl.

Hs.-Nro. 184a war früher auch städtisches Gebäude und zur Wohnung des Pfarrmeßners bestimmt — nunmehr längst im Privatbesitze (1816).

Die an das Brüderthor angebaute Schmiedstätte — 397½ nunmehr dem Schmid Schweizer gehörig, war städtisches Eigenthum. Städtische Kammergüter waren namentlich auch die Bleiche und der Ziegelstadel, die ebenfalls früher schon an Private verkauft worden.

Zur städtischen Bleiche gehörten auch die jenseits der Donau gelegenen Wiesen — daher heute noch Legenen genannt. Ueberdieß erstreckten sich die Bleichplätze diesseits der Donau bis an die Donau und erst behufs Anlandung der Salzschiffe wurde ein Theil der Bleichplätze zu diesem Zwecke abgetrennt und dort von den Salzbeamten das noch stehende Häuschen Hs.-Nr. 657 erbaut, welches 1815 an einen Privaten verkauft wurde.

Den Ziegelstadel anbelangend wurde derselbe im Jahre 1808 an den Ziegler Joseph Anton Stengel um 1150 fl. verkauft, nachdem die Ziegelei früher theils in eigener Regie betrieben, theils auch verpachtet gewesen war.

Zur Zeit, als die Ziegelfabrikation von Seite der Commune in eigner Regie Statt hatte, mußten die Bauern von Hausen, Frauenriedhausen und Beitriedhausen Dienste zur Beifuhr des Rohmaterials d. i. der Kalksteine und des Lehmes, sogenannte Scharwerkdienste leisten, welche beim Verkauf des Ziegelstadels in Geldreichnisse umgewandelt wurden.

---

*) Alle Gebäude, deren Hausnummern Unterabtheilungen in Buchstaben oder Brüchen haben, z. B. 81 a. 342 ½, waren in der Regel öffentliche oder städtische Gebäude, hatten also ursprünglich keine Hausnummern. Am Anfang des gegenwärtigen Jahrhunderts waren es noch 42 städtische Gebäude.

Allerdings kommen auch bei Privatgebäuden Unterabtheilungen vor.

Bei dem Verkaufe des Ziegelstadels wurden sowohl für den Käufer als die Verkäuferin Bedingungen festgesetzt z. B. wurde dem Käufer gestattet, auf dem freien Raum vor dem Ziegelstadel ein Wohngebäude aufzuführen. Der Käufer wurde verpflichtet, jeden Ziegel- und Kalkbrand der Bürgerschaft bekannt zu geben, damit dieselbe vor den Fremden als vorzugsberechtigt ihren Bedarf an Material zuerst erholen könne; dagegen machte sich die Commune als Verkäuferin verbindlich, dem Käufer resp. jeweiligen Ziegler das nöthige Terrain zum Lehmstich auf ihre (der Stadt) Kosten anzuweisen. Der Ziegler hat nur den Platz abzuräumen, jedoch fällt derselbe nach der Lehmausbeute wieder an die Commune zurück.

Am Anfange des gegenwärtigen Jahrhunderts wurden auch die Zwinger und resp. Weiher — ehemals Theile der Festungswerke verkauft.

Die Dreikönigwirthschaft über der Donau war früher ein Badhaus. Im untern Stockwerke waren zwei geräumige gemeinschaftliche Badstuben, im obern Stock eine größere Anzahl gesonderter Badstübchen. Das Bad war sehr frequentirt.

An der sogenannten Mauer (Stadtmauer) zwischen dem Dillinger- und Pfarrthor befindet sich ein Gebäude „die kleine Kaserne" genannt. In den siebenziger Jahren des vorigen Jahrhunderts, als eine Kaserne für das Militär in Neuburg gebaut wurde, waren in der Zwischenzeit die churpfalzbayerischen Grenadiere in den einzelnen Städten des Herzogthums, unter andern auch eine Compagnie in Lauingen einquartirt. Aus den Häusern 322, 323, 324 wurde nun eine ein Art Lazarethhaus für kranke Soldaten gemacht, woher denn die Benennung „kleine Kaserne" rührt.

Das nunmehrige Gasthaus zum Schlößle Hs.-Nro. 417 betreffend lesen wir in der Klosterchronik, daß ein Herr von Lapir (ein Lapierre kommt zur Zeit der Schweden vor) dieses Haus den Augustinern im Jahre 1665 um 600 fl. zum Kaufe anbot, wogegen der Rath der Stadt in den Kauf trat und dasselbe für die Commune um gleichen Preis erwarb.

1697 besaß das Schlößle Johann Georg Schmelz, der eine Braustatt dort errichtete, nachdem es zuvor Weinschenke war.

1727 kaufe Frau Magdalena von Stein zu Rechtenstein des löbl. Gotteshauses Maria Mödingen Priorin von obigem Schmelz das Schlößle, resp. tauschte es gegen eine Behausung an der Pfarrstraße gelegen, die dem Kloster Mödingen gehörte, ein. Der Tausch oder Kauf geschah, um den Klosterfrauen in Kriegszeiten im Schlößle einen Zufluchtsort zu gewähren.

Unter die ältesten Gasthäuser der Stadt ist insbesondere das zum goldenen Rössel oder zur Herberge zu zählen. In den ältesten Akten ist desselben Erwähnung gethan.

Zur Zeit der Schweden war das goldene Rössel oder die Herberge in der Regel das Quartier der schwedischen Heerführer, namentlich auch des General Banner.

Mittermair erzählt in seinem Sagenbuche folgendes:

Im Sommer 1632 wurde Feldmarschall und Reichsrath Johann Banner, den man seit der Breitenfelder Schlacht nur den schwedischen Löwen nannte, in Schwaben durch den Arm geschossen und zog um der Genesung zu harren hieher, wo er im Gasthof zum goldnen Rösslein, heut zu Tage die Herberge, wohnte. Dies Haus hatte das uralte Recht einer Freiung, d. h. jeder, der irgend ein Verbrechen begangen, und sich in selbes flüchten konnte, war mehrere Tage vor der Gerechtigkeit frei, nach deren Umfluß sie sich wieder geltend machte und der Schelm ausgeliefert werden mußte, wenn es ihm ebevor nicht gelungen, aus dem starkbewachten Hause zu entfliehen.

Noch zeugt dafür der am Eck dieses Gasthofes in Stein ausgehauene Arm. Bis hieher reichte die Gerechtigkeit, weiter nicht oder es war auch vor Verfolgung jeder sicher, der nur mit der Hand das Haus angreifen konnte. Bannern war dieses Vorrecht bald überlästig und er schaffte es sofort, was keiner der Landesherrn bisher hatte thun können, ab.

Er war ein ungewöhnlich schöner Mann, groß und stark, aber in seinem Benehmen stolz und rauh. An die hiesige Stadt stellte er die unverschämtesten Forderungen. Dem Weine und dem Frauengeschlechte war er in furchtbarer Ausschweifung ergeben und eine hiesige Bürgerstochter konnte ihm nur dadurch entgehen, als man sie mit List oder Gewalt in sein Zimmer gebracht, daß sie sich beim Fenster hinausstürzte, was ihr das Leben kostete.

Noch vor hundert Jahren bezeichnete eine Schrifttafel am Hause diese traurige Begebenheit, wo selbe beim Renoviren des Gebäudes beseitigt wurde. Lange Zeit nach Banners Tod, (er starb zu Halberstadt 1641) sollen in den einst von ihm bewohnten Gemächern nächtliche Störungen vorgekommen sein, von denen jedoch die Neuzeit nichts mehr weiß.

Durch oben erzählten Vorfall erschüttert, zog Banner aus Lauingen ab, ließ jedoch vorher durch Werkleute aus der schwedischen Besatzung, denn kein hiesiger wollte sich hiezu verstehen, die künstlich gearbeitete, im Sonnenschimmer weithin leuchtende Wetterfahne des Hofthurms, die der Sage nach von Gold war, den Stolz der hiesigen Bürger, abnehmen und mit mancher andern Beute nach Schweden führen, wo selbe nach Jahr und Tag das Schicksal seines durch Feuersbrunst eingeäscherten Schlosses theilte. Banners Geschlecht erlosch mit seinem Sohne Gustav — genannt der tolle Banner, welcher als Statthalter der schwedischen Provinz Ingermannland starb.

Bei der Abnahme jener erwähnten Fahne wurde die Dachung des Hofthurms dermassen beschädigt, daß man 1675 das Zinndach neu machen und umgießen lassen mußte.

Ohne zu untersuchen, wie viel an dieser Erzählung rein historisches ist, möchten wir als urkundlich nachgewiesen, hier anführen, daß das Augustinerkloster eine Art des oben angeführten Rechts der Freiung hatte, wie wir ein paar Beispiele in der Klosterchronik finden, wo wegen eines Verbrechens (Tödtung eines Officiers) 2c. verfolgte Soldaten Schutz suchten und auch fanden.

Das alte Gasthaus zum Schimmel erkaufte vor einigen Jahren der leider zu früh geschiedene — unvergeßliche Begründer und Leiter der hiesigen Glasmalereianstalt Herr Ludwig Mittermair und ließ dasselbe in ächt künstlerischer Weise restauriren und im Innern ausstatten, so daß es mit dem daran stoßenden Garten dann Glasmaler-Atelier und dem in neuester Zeit ebenfalls restaurirten Wohnhause eine Zierde der Stadt bildet.

Das alte Kornhaus — Schranneugebäude — von dem die längs desselben hinführende Nebenstraße den Namen Schrannengasse hat, wurde im Jahre 1857 restaurirt.

Innerhalb der letzten 10 Jahre wurden auch folgende städt. Gebäude restaurirt, und mitunter neu umgebaut:

Das Donauthor-Zollhaus, der Dillingerthor-Thurm, das Schlachthaus, das Hallgebäude (Schullehrerwohnungen) das untere Beneficiatenhaus, der Pfarrhof. In frühesten Zeiten waren beim Pfarrhof auch Räumlichkeiten für Oekonomiebetrieb angebaut.

Nördlich von der Stadt vor dem Brüderthor ist, sich anschließend an die St. Johanniskirche, gelegen der Friedhof*) mit der Eingangsinschrift:

"Ruh und Friede"

statt der ehemaligen Verse:

"Der Tod, o Mensch! pflegt wie ein Dieb zur Nacht herein zu schleichen,
"Es mag dir leid sein oder lieb — Du kannst ihm nicht entweichen;
"Vielleicht ist dieß der letzte Tag, den du noch lebst auf Erden,
"Du kannst durch einen schnellen Schlag bald fortgerissen werden."

Links beim Eingang in den Gottesacker steht der älteste Grabstein mit folgender Inschrift:

---

*) Innerhalb des Friedhofes ligt auch das im Jahre 1832 neugebaute Leichenhaus mit der Todtengräberwohnung. Damals wurden auch besondere — uniform gekleidete — 8 Leichenträger aufgestellt. Im Jahre

Auf der einen Seite: Anno Dm. 1597 den 15. Februarii ist in Christo dem Herrn seliglich entschlafen der ersam und frumme Klement fröhlich *) seines Alters 85 Jar, erzeigte bei zweien Hausfrauen 29 Kinder, deren noch 5 söhn und 4 thöchtern bei leben. Der allmächtige Gott verleihe ihm und uns allen am großen Tag des Herrn eine fröhliche und siegreiche auferstehung Amen.

> Die fröhlich auferstehung macht,
> Daß ich mich keines sterbens acht.

Auf der andern Seite:

> Gedenk mit uns mein lieber Christ,
> Wie ungewiß menschlich's Leben ist.
> Ganz grimmig todesband und strick,
> Wir sicher sind kein Augenblick,
> Daß nahet sich allzeit das End.
> Darumb zu deinem Gott dich wendt
> Und setz auf ihn die Hoffnung fest
> Weich auch von ihm nicht ab zuletzt,
> So wirst du leben seliglich
> Und bei Gott wohnen ewiglich.

Innerhalb der letzten 30 Jahre d. i. seit 1833 wurden die meisten außerhalb der Stadt vor den Thoren gelegenen Gebäude und Einzelnhöfe aufgeführt.

1855 wurde ein Leichenwagen angeschafft, so daß seit dieser Zeit die Leichen unter Begleitung der Leichenträger bis an den Eingang des Gottesackers geführt werden.

*) „Fröhlich" ist ein altes Patriciergeschlecht dahier und nannte sich nach damaliger Sitte in lateinischer Uebersetzung auch „Laetus". (vid. Grabdenkmale in der Pfarrkirche.)

§ 19.

Von den Handels- gewerblichen und landwirthschaftlichen Verhältnissen.

a) Von dem ehmaligen Commercium der Stadt Lauingen.

Daß Lauingen ehemals eine sehr blühende Handelsstadt gewesen, bezeugen die noch vorhandenen Kaufmannsläden, Gewölbe und die mit den bedeutendsten Städten in diesem Fache geführten Correspondenzen ꝛc., dann auch der nunmehr aufgehobene alte Zoll-Tarif.

Durch die Auswanderung zur Zeit der Reformation verlor die Stadt sehr viel, da die reichern Handelsleute nach Ulm, Nördlingen, Augsburg, Memmingen, Giengen und andern reformirten Reichsstädten zogen, von welchen Handelsleuten noch viele Abschiedbriefe vorliegen.

Im Jahre 1784 wurde von dem damaligen Landesherrn den Herrn Gsell und Reinhard eine Speditions- und Commissions-Handlung wieder bewilligt, welche schon vor 200 Jahren auf dem nämlichen Handlungshause (ehemals der nach Augsburg ausgewanderten Reiserschen Familie gehörig — daher Reiserʼsche Haus genannt — jetzt Gasthof zu den drei Mohren) war.

Um die damals in's Leben gerufene Handlung rascher in Gang zu bringen, wurde ihnen die Quart-Mauth von ihren Gütern ertheilet und damit die Zufuhr von dem Rhein und Main erleichtert würde, wurde die Salzniederlage für die württembergischen und oberschwäbischen Lande im nämlichen Jahre errichtet, durch welche die Gegenfuhren dieser Länder gegen einander den Frachtpreis um ein merkliches zum Behuf der Kaufleute herabsetzten. Es ging damals alle Mittwoch ein gut ausgerüstetes Speditionsschiff mit Gütern und Menschen unter Leitung der hiesigen gewandten Schiffmeister nach Wien ab und wenn einige Reisende ein Extraschiff verlangten, so konnte jederzeit ein solches disponibel gestellt werden, weil immer mehrere Schiffe am Ufer gebaut im Wasser stauden.

Die Stadt hatte zwar schon in den ältern Zeiten eine besondere Salzniederlage und anno 1711 hatte der Landesherr auch ein Lager dahier im Schloß errichtet, jedoch war keines davon beträchtlich und das fürstliche ging bald wieder ab; erst 1784 wurde das große churfürstliche Salzlager dahier errichtet, dem der städtische Salzstadel (Hallgebäude), ein Theil des fürstl. Schlosses, ein Theil des Fleischhauses und das fürstliche hohe Kornhaus gewidmet war; man sah alle Wochen im Frühling, Sommer und Herbst schwer beladene Salzzillen an der Donau stehen, welche viele Hände beschäftigten und der Stadt durch die Her- und Wegfuhr merkliche Nahrung verschafften. Diesem Salzwesen stand ein besonderer churfürstlicher Beamte sammt einem Controleur Stadelmeister vor; über die Zillen aber war ein verpflichteter Wasserer aufgestellt.

Die Lage an der Donau zwischen Ulm und Regensburg in einer verhältnißmäßigen Entfernung vom Rhein machte hiesige Stadt von jeher zum bequemen Vereinspunkte und Hauptspeditionsplatze für die Waaren, die auf einer Seite aus der Schweiz und Frankreich über Straßburg und auf der andern aus den Niederlanden über Köln und Mainz zu Wasser und zu Lande nach Oesterreich u. s. w. gehen und von dort nach gedachten Ländern in gleichen Routen zurück kommen. Ueberdies durchkreuzten sich hier die zwei Straßen nach Italien von Hamburg und Nürnberg über Lindau — und vom Rhein durch Tyrol. Diese für den Handel besonders günstige Lage bewog den Churfürsten Carl Theodor im Jahre 1784 der Stadt Lauingen das ausschließliche Privilegium zu ertheilen, daß von allen daselbst ankommenden und wieder abgehenden Kaufmannsgütern nur der vierte Theil der sonst üblichen Land- und Wassermauth und Zölle bezahlt werden solle, wie auch das Salzlager für den auswärtigen Verkehr hieher zu versetzen, um durch diese Rückfracht das Fuhrwesen zu Lande zu begünstigen und zu erleichtern. Die Ausführung dieses Geschäfts wurde mittels Octroi auf 20 Jahre den beiden Handelshäusern Gsell und Compagnie in Heilbronn und Christian Friedrich Reinhards Söhnen in Stuttgart überlassen, die unter der Firma: Gsell, Reinhard und Compagnie hier ein Comptoir für den Speditionshandel, dann eine Salz-, Wein- und Eisenniederlage errichteten. Aus einem Akte „Differentien mit der Brandenburg-Onolzbachischen Regierung in Ansbach 1712," entnehmen wir, daß hier ein eigener Nürnberger Bote — Namens Thomas Genuppe war.

Die Speditionsgesellschaft hatte auch anno 1790 mit höchster Bewilligung eine Papierdruckerei errichtet, in welcher alle Gattungen Papier verfertigt wurden und die alle Tage 80 Personen von jedem Alter beschäftigt.

Auch eine Buchdruckerei hat im vorigen Jahrhundert und selbst früher schon dahier bestanden, wie bereits an anderer Stelle gesagt.

Der Weinhandel, wozu der städtische Weinstadel (Hallgebäude) diente, war ehmals sehr bedeutend; jede Woche war am Mittwoch regelmäßiger Weinmarkt, welcher von vielen, selbst fürstlichen Commissarien besucht wurde. Es war ein eigener Weinstadelmeister aufgestellt; im Jahr 1781 errichtete ein Privatmann, Plezinger von Königsbronn mit höchster Begünstigung ein Lager von guten Württemberger Weinen; ebenderselbe errichtete ein Eisenlager in vollkommenster Ausdehnung auf alle einschlägigen Artikel. Weil diese Handlungen eine große Correspondenz führten, so bestand eine besondere Post, welche nach Einführung der Speditions = Handlung mit einem täglich nach Dillingen gehenden Postboten ersetzt wurde. (1795 befand sich hier ein großes österreichisches Magazin, welches den Arbeitslustigen und den Gewerben sehr vortheilhaft war. Aber die ein Jahr darnach erfolgende Retirade der österreichischen und das Vorrücken oder Nachfolgen der republikanisch=französischen Armeen unter dem Obergeneral Moreau, so wie eben desselben Retirade im Septbr. 1796 entriß den Einwohnern den erworbenen Gewinn. Das hiesige Pflegamt, heißt es in einer Anmerkung, berechnete den durch die k. k. österreichischen und Condeischen Truppen erlittenen Schaden auf 31,889 fl. Die Franzosen verursachten durch Requisitionen einen Schaden von 30,977 fl., durch Plünderung von 41,810 fl. Aehnliche Schadensberechnungen wird man von den Kriegsjahren 1800, 1801, 1805, 1806 und 1809 aufstellen können.)

Zu den noch bestehenden zwei alten Jahrmärkten Bartholomämarkt und Fastenmarkt kam im Jahre 1789 ein dritter — sogenannter Nicolaimarkt, welcher am Sonntag vor Nicolai abgehalten wurde, jedoch nur wenige Jahre bestanden zu haben scheint.

Der Bartholomämarkt ist der älteste Markt, welcher am Samstag nach Bartholomätag anfing und 11 Tage dauerte, wie gegenwärtig noch. Er wurde stets mit Glockengeläute in seinem Beginne angekündet und von Handelsleuten aus den bedeutendsten Handelsstädten, als Augsburg, Ulm, Nürnberg, Nördlingen, Heilbronn, Dinkelsbühl sammt einer Menge anderer geringerer Krämer besucht. *)

---

*) Zur Zeit der Fehde des Herzog Ludwig des Reichen mit den

Der Fastenmarkt, welcher am Sonntag vor dem Jubilasonntag in der Fasten anfängt, wurde 1707 errichtet und dauert 4 Tage.*) Der Nikolaimarkt, welcher, wie schon gesagt, 1789 dazu kam und ebenfalls 4 Tage dauerte, wurde nur wenige Jahre abgehalten. Mit den Waarenmärkten waren und sind Viehmärkte verbunden.

Vor dem Anfang der Märkte rief im vorigen Jahrhundert noch der Stadtknecht — zu Pferd sitzend — das Gebot des Rathes aus, unter dieser Zeit in keinem Privathaus einen Juden zu beherbergen und das Haus genugsam mit Wasser zu versehen. Jede Zunft mußte eine gewisse Anzahl junger Bürger stellen, welche unter dem Commando des fürstlichen Stadtvogts die Gränzen, Stadtmauern und andere zum Unterschluf verdächtiger Personen bequeme Oerter mit Ober- und Untergewehr versehen visitirten, um allgemeine Sicherheit zu erhalten. Die Markttäge hindurch wurden auch die Hauptwache, die Stadtthore, die Wohnungen des fürstlichen Stadtvogts, der drei Bürgermeister und des Rathsconsulenten mit Wachtposten besetzt, welche der Stadt-Wachtmeister commandirte und die alle Abend 6 Uhr abgelöst wurden. Auf dem Hofthurme wurde die Thurmwache stets verdoppelt. Diese militärischen Sicherheitswachen haben zum Theil bis auf die letztvergangenen Jahre an den Märkten noch fortbestanden und wurden erst vor einigen Jahren als nicht mehr entsprechend den neuen Einrichtungen in ihrer alten Form aufgehoben.

Der hier wochentlich am Samstag abgehaltene Viktualienmarkt, sowie der Schrannenmarkt gehen in die frühesten Zeiten zurück, auf was bezüglich des letztern das unter die ältesten Gebäude der Stadt zu zählende Schrannengebäude — Kornschranne genannt — hindeutet. Zur Kornschranne kam im Jahre 1604 schon die große Leinschranne, als welche die ehemalige Allerheiligenkirche — nunmehr Knabenschulhaus — benützt wurde und noch heute bilden die Parterrelokalitäten dieses Gebäudes einen Theil der Schranne.

Die Schranne war schon in den frühesten Zeiten zahlreich besucht, weil von hier der Abstoß in die Schweiz, nach Frankreich und den Niederlanden ging und hauptsächlich weil die Gegend um die Stadt eine der fruchtbarsten Getreidgegenden von jeher war.

Reichsstädten (1462) in welcher es die Lauinger mit Herzog Ludwig hielten, schlossen sie die Augsburger von den hiesigen Jahrmärkten aus.
*) Der Fastenmarkt wurde der Stadt auf Ansuchen von Herzog Johann Wilhelm, in Anbetracht der Kriegserlittenheiten im spanischen Successionskrieg verliehen.

Wir gedenken im Anhang eine übersichtliche Zusammenstellung der Schrannenergebnisse beizufügen.

Die Tuchschererei stand ehmals dahier sehr in Flore und war weithin berühmt, so daß selbst Fremde ihre Waaren hieher brachten, und ihre Tücher mit dem Stadtwappen vermarken ließen, damit sie unter dieser Firma einen schnellern Absatz erhielten. Noch bis zum Schlusse des vorigen Jahrhunderts bestanden dahier drei Tuchscheerer mit ihren Pressen, welche aber meistens nur ungefärbte Tücher bearbeiteten.

Eines der zahlreichsten Fabrikate waren aber die Baumwoll- und Leinewaaren, wodurch viel ausländisches Geld ins Land kam. Diese Fabrikate waren noch vor 70 Jahren in großer Blüthe, indem die Weberzunft nicht nur mit Anfertigung gewöhnlicher Zeuge ihres Gewerbes sondern auch mit der von Barchet, verschiedener gestreifter Leinwand, Cattun und Mousselinwaaren sich befaßte. Sie lieferten ihre Fabrikate den drei Stuckhändlern ein, welche die Verschleißung in das Ausland besorgten.*) Dieser starke Leinwandhandel erforderte drei große Bleichen, welche Eigenthum der Stadt waren, später aber in das von Privaten übergingen; ebenso waren die städtischen Mangen unter aufgestellte Mangmeister verstiftet, später wurden auch diese in die Geschäftslokale der Färber verlegt.

Die Kramerzunft war in folgende Klassen eingetheilt:
  drei Tuchscheerer, welche zugleich Stuckhändler und alle Gattungen von Ellenwaaren führten,
  neun Specereihändler, welche auch kleinere Ellenwaaren führten,
  vier Spitzenkrämer,
  zwei Bändelkrämer.
  ein Silberkrämer,
  ein Chocolade-Fabrikant.
Dazu gehörten auch ferner:
  zwei Strumpfstricker,
  zwei Strumpfwirker,
  ein Kartenmacher,
  sieben Bortenwirker, welche auch Cattun und Seidenwaaren führten,

---
*) In dem 1817 erschienenen Adreßbuche der bestehenden Kaufleute und Fabrikanten in Europa heißt es noch:
„Es werden in Lauingen baumwollene Tücher und viele Leinwand gefertigt und letztere besonders stark nach Italien, Frankreich und „die Schweiz versandt.

zwei Zeugmacher, ferner fünfzehn Hucker, welche Salz, Schmalz, Tabak, Zucker, Kaffee und geringere Gewürz-waaren haben, endlich
zwei Eisenkrämer.

Die Krämer-Zunft zählte also 50 Mitglieder.

Diejenigen Weber, welche den sogenannten Ausschnitt hatten, konnten auch dazu gezählt werden. Es waren solche Ausschnitt-meister drei an der Zahl und hatten das Recht, Barchet, Gol-schen, Kelsch, Federritten und alle Gattungen Leinwand der Ellen nach zu verkaufen und auszuschneiden, weßwegen sie Ausschnitt-meister genannt und unter die vermöglichsten Bürger gehörten.

Endlich verdient Erwähnung die ehemalige große Wachs-bleiche eines Privaten — des Patriciers Mang, welche jährlich einen Absatz von vielen Zentnern rohen Wachses in das Ausland hatte und die ganze Umgegend mit den schönsten Wachsfabrikaten versah. Diese Wachsbleiche war in dem Garten vis a vis des Salzstadels beim Schlosse, welcher Garten nun dem Anwesensbe-sitzer Strehle gehört.

Das allgemeine Darniederliegen des Handels, die veränder-ten Richtungen desselben, andere Souveränitätslande und Landes-gränzen, die Territorialmauthen, Waarenverbote, Prohibitivgesetze auf einer und die inländischen Unterstützungen und örtlich ge-währten Handelsfreiheiten auf der andern Seite, die bis nach Ulm vorgerückte Territorialgränze des Königsreichs Bayern und dergleichen Gründe veränderter Verhältnisse mehr haben, sagt Herr v. Raiser schon 1822, die commerciellen und ältern Handelsherrlichkeiten der Stadt Lauingen welche der Hofcommis-sär v. Setzger im Jahre 1791 noch billig anzurühmen wußte, und die auch in dem typographischen Lexicon von Schwaben unter dem Artikel „Lauingen" detaillirt beschrieben sind, so herabge-bracht, daß man von vielen Rubriken dieses Stadt Lauingischen Handels kaum noch Spuren und überhaupt gegen früher nur noch geringe Geschäfte wahrnimmt. Nur der Samstag zeigt uns im Getreidemarkt noch den regen Verkehr in ungeschwächter Kraft. Außer diesem öffentlichen Schrannenmarkt und den beiden Waa-renmärkten d. i. Fasten- und Bartholomämarkt, mit welchen je-desmal Viehmärkte verbunden sind, finden auch monatliche Vieh-märkte Statt und im Monat Juni seit 1862 auch ein Wollmarkt.

Nicht ohne Einfluß auf den Verkehr sind auch die täglichen Stellwagenfahrten zwischen hier und der Eisenbahnstation Dissin-gen, so wie die seit Oktober 1865 bestehende Postomnibusfahrt zwischen hier und Dischingen.

b) Kunst und Gewerbe.

Daß in der Blüthezeit des Handels in Lauingen auch Kunst und Gewerbe blühten, läßt sich von selbst ermessen. Außer den noch zeugenden Baudenkmalen möchten wir namentlich erinnern an die zur Zeit Herzog Ott Heinrichs 1540 hier bestandene kunstvolle Tapetenweberei (Hautlisse-Fabrik), die einzig in ihrer Art, und an die Gemälde von Matthias Gerung, den al fresco Maler Brentele ꝛc.

Wenn nun auch Kunst und Gewerbe heute noch nicht aus Lauingens Mauern gewandert, und erstere namentlich durch die Glasmalereianstalt und letztere durch tüchtige Meister aller Art sich vertreten finden,*) so beschränken wir uns zunächst hier auf die Constatirung des Standes in den dahin gegangenen Jahrhunderten.

Herr von Setzger führt aus dem verflossenen Jahrhunderte namentlich folgende Meister an:

Johannes Anwander war ein vorzüglicher Oel- und Frescomaler und Fasser, Ulrich Mayr ein sehr guter Oelmaler.

Bildhauer Karpf war namentlich in Aufertigung kleiner Statuen sehr geschickt.

Die Arbeiten des Orgelmacher Johannes Ehrlich waren weit berühmt und Glocken- und Stückgießer Anton Weingartner zeichnete sich auch in Herstellung von Wasserwerken und Feuerlöschmaschinen aus.

Die zwei Goldschmide Jakob und Marx Maden suchten in ihrem Fache ihres Gleichen und der Stukator und Baumeister des Rathhauses Georg Launer führte Kirchen- und Schloßbauten mit dem größten Beifalle auf.

Unter den künstlichen Gewerben verdienen endlich rühmliche Erwähnung die Uhrmacherei, womit sich zwei Meister befaßten, dann die Gürtlerei und Kupferschmide, welche den Goldschmiden in die Hände arbeiteten.

Die Handwerker theilten sich in verschiedene Zünfte ein, welche man Kerzen nannte, so daß Kerzenmeister so viel als Zunftmeister heißt. Diese Benennung rührt von jenen großen Wachskerzen her, welche jede vollständige Zunft in der Pfarrkirche mit ihrem Zunftschild hatte, und die an ihren feierlichen Jahrtagen angezündet und an Processionen von einem Zunftgliede vorausgetragen wurden. Handwerker, deren Anzahl nicht so beträchtlich,

---

*) Neben auch anderwärts vorkommenden Gewerben verdienen namentlich die Glockengießerei des Herrn Böhm und die Wagenfabrik des Herrn Nußbaum Erwähnung.

waren einer zahlreichern Kerze einverleibt. Solche große Kerzen waren es am Ende des vorigen Jahrhunderts 13, deren jede ihre Kerzenmeister und andere Vorsteher hatte, welchen die Verordnungen vom Rathe publicirt wurden und die sie dann ihren Zunftgenossen mittheilten. Sie hatten auch das Recht, ihre Handwerksgenossen zusammen zu berufen und was ihnen nützlich und zuträglich, mit Genehmigung der Obrigkeit festzusetzen. Eine jede Zunft hatte ihre Handwerksordnung, welche größtentheils im 15. Jahrhundert von dem Rath errichtet und vom Landesherrn bestätigt worden sind. Es hatte auch jede Zunft ihre eigene Herberg in einem Gasthofe zur Aufnahme der Durchreisenden und kranken Zunftgenossen, welche durch die Beiträge der Mitglieder erhalten wurden, an welchen Verhältnissen die Neuzeit manches geändert hat.

1. Die Bräuerkerze zählte 5 Weinwirthe, a) zum goldenen Rössel-Herberg genannt, b) zur goldenen Kanne, c) zum Schlüssel, c) zur goldnen Krone, e) zum weißen Roß oder Schimmel. — Die ersten vier Weinwirthe sind zugleich Bräuer. Zu diesen kommen noch folgende Bräuer: 1) zur goldenen Rose, 2) zum Hirsch, 3) zum Adler, 4) zum Fuchsen, 5) zum Bären, 6) zur Ente, 7) zum Becher, 8) zum Engel, 9) zum Baum, 10) zum Greiffen, 11) zum Rad, 12) zur Schwane, 13) zur Traube, 14) zum Pflug. Drei von diesen sollten das ganze Jahr hindurch von Michaeli bis wieder dahin Weißbier; die andern versahen das ganze Jahr hindurch die Einwohner mit braunem Bier: im Sommer von Georgi an hatten sie unter sich einen Turnus, so daß allzeit drei eine Woche lang offenes Bier hatten, was durch einen vor der Thüre des Gasthauses ausgesteckten Tannenwipfel angedeutet wurde. Zapfenwirthe waren: der Schimmel, Löwe und Meerwirth. Alle hatten jedoch das Recht, Branntwein zu brennen und die Gäste zu beherbergen. Zur Bräuerkerzen gehörten auch zwei Methsieder und sieben ausschließliche Branntweiner.

2. Zur Krämerkerze gehörten außer den schon früher bezeichneten Tuchscheerern, Spezereihändlern, Spitzkrämern, Huckern, 2c. 2 Gebzelter, die zugleich Wachszieher, 2 Kammmacher, 4 Buchbinder, 4 Seifensieder, 5 Sailer, 4 Bürstenbinder, 2 Säckler, 2 Nadler, die zugleich gegossene Arbeit machten, 1 Kartenmacher, 1 Oblatenmacher.

3. Die Weberkerze zählte 3 Ausschnittmeister und 88 Webermeister. Sie hatten ihren besondern Fadenzähler, welcher die am Markt feilgebotenen Schneller der Länge nach abzumessen und abzuzählen, wie auch ihre geschwornen Schaumeister, welche zu

einer verschlossenen Stube alle Leinwandstücke nach ihrer Qualität mit schwarzen Punkten bezeichneten, die schlechtern verwarfen und den gut befundenen das städtische Wappen in Bley anhängten. Zu dieser Zunft gehörte auch der Blättersetzer, welcher den Webern den Handwerkszeug verfertigte.

4. Die Bäcker- und Müllerkerze zählte 23 sogenannte Süßbäcker, welche alle Gattungen Brod sowohl in ihren Häusern als in dem öffentlichen Brodhause verkauften, und von denen auch einige Branntwein aus der Frucht brannten, 7 sogenannte Saurbäcker, welche das Brod den Bürgern abbucken.

12 Müller, darunter 2 Oelmüller. Dies war zur Zeit, als noch die sogenannten Donaumühlen bestanden, die längs der Donaubrücke auf beiden Seiten standen.

4 Melber, welche Mehl, Gries, gerundelte Gerste und Haber und dergl. verkauften.

5. Die Metzgerkerze zählte 32 Meister, welche alle Gattungen Vieh schlachteten, aber in der Schweinmetzgerei alle Wochen im Turnus wechselten. Die Zunft hatte ein langes öffentliches Fleischhaus — Fleischbank — an der Donau beim sogenannten Tränkthor, in dessen zweitem Stockwerk die sogenannte Weberschau war d. i. die Weber ihre Webstücke zur Schau brachten. In diesem Fleischhaus hatte die Metzgerzunft auch ihre Versammlung. Das Gebäude, in welchem diese Fleischbank und Weberschau — und welches Eigenthum der Commune war, wurde wie oben bereits gesagt, mit andern städtischen Gebäuden im Jahre 1836 an Private verkauft.

6. Die Gerberkerze zählte 7 Rothgerber und 4 Weißgerber.

7. Die Schusterkerze faßte in sich 29 Meister.

8. Die Schneiderkerze zählte 20 Schneider und 2 Kürschner.

9. Die Schreinerkerze hatte 8 Schreiner, 4 Hafner, 9 Gärtner, 2 Zeugmacher und einen Büchsenschifter.

10. Die Loderkerze hatte 12 Meister, welche Flanell und verschiedene Sorten von sogenanntem Biberzeug fabricirten, dann 5 Hutmacher.

11. Die Kohlkerze umfaßte: 3 Goldschmiede, 3 Kupferschmiede, 1 Messerschmied, 2 Zirkelschmiede, 1 Büchsenmacher, 1 Sporer, 1 Spengler, 4 Nagelschmiede, 4 Schlosser, 2 Glaser, 3 Zinngießer, die auch alle Gattungen des englischen Zinns verlegten, 4 Hufschmiede, 4 Wagner, 4 Sattler.

12. Die sogenannte große Kerze zählte 20 Maurer, 17 Zimmerleute, 4 Floßer, welche Holzhandel trieben, 7 Fischer, die zugleich Schiffmeister, 3 Wannenmacher, 3 Siebmacher 11 Schäffler

1 Rechenmacher, 3 Holzdreher, 1 Beindreher, 1 Kaminfeger, 2 Pfläſterer, 1 Ziegler.

13. Die Bauernkerze umfaßte alle Ackerbautreibenden.

Bei dieſer Gelegenheit fügen wir die Zählung vom Jahre 1791 bei.

Herr von Setzger gibt die Zahl der Familien auf 802 an, darunter 647 Bürger und 155 Beiſitzer.

Die Seelenzahl auf 3297, wovon

Männer 613,
Weiber 756,
Söhne 684,
Töchter 903,
Knechte 149,
Mägde 192.

---

c). Ackerbau und Viehzucht.

Die Bauernkerze umfaßte, wie es heißt, alle jene, die mit dem Pflug in das Feld fahren. Die Bauernkerze war im Range die erſte. Sie hatte drei Kerzenmeiſter, welche zu amtlichen Güterſchätzungen gezogen wurden. Sie verwalteten die Stadtkommunalgüter, beſorgten alle Wege, Stege, Gräben, Viehweiden und legten jährlich Rechnung im Beiſein des Stadtſchreibers und zweier Deputirter aus dem Rathe ab. Sie dingten auch die Hirten, beſtellten die Flurer und mußten bei Durchmärſchen und Quartieren für Unterbringung der Pferde und Fortlieferung der Truppen ſorgen.

Das Hornvieh war unter 5 Hirten eingetheilt, wovon drei die Kühe, einer die Ochſen und einer die Kälber beſorgte. Sie hatten eine Weide von 1269$^{1}/_{2}$ Jauchert nebſt der Waldweide, welche in 164 Jauchert beſtand. Dazu iſt aber weder die Ochſenweide noch die Kälberweide gerechnet, welche eigene Plätze umfaßte.

Den Viehſtand betreffend belief ſich 1791 derſelbe an Kühen auf 1024 Stück nebſt 98 Schubochſen — junge Stiere und Maſtochſen nicht gerechnet, Pferde auf 324 Stück. Schafe hielt die Stadt 1200, das Spital 300 Stück in mehreren Heerden. Die Anzahl der Kälber und Schweine veränderlich.

Es durfte nicht jeder nach Belieben der Zahl nach Vieh halten, ſondern es wurde der Viehſtand nach der Größe des Grundbesitzes regulirt, damit die Weide zum allgemeinen Schaden nicht möge übersetzt werden. *)

Nebst den Gärten und allgemeinen bürgerlichen Wiesmädern, schreibt Herr v. Setzger 1791, besitzt die Bürgerschaft 958½ Tagwerk Wiesen, wovon einige 2 mädig, einige 3 mädig sind, d. i. 2 oder 3 mal gemäht werden können. Eben so beträchtlich ist der Ackerbau, (fährt er fort) weil über 100 Bürger mit dem Pflug in das Feld fahren und miteinander 1673½ Jauchert Ackers besitzen, welche in zweierlei Klassen eingetheilt werden. Einige Aecker, welche man Frohnländer nennt, werden alle Jahre angebaut, andere aber bleiben das dritte Jahr in der Brach liegen.

Es werden zwar alle Gattungen von Getreide gebaut, jedoch wird wegen des guten Bodens in dem Winterfeld meistentheils Kern, in dem Sommerfeld aber Gerste und Haber gebaut. Die Jauchert wird allhier in 3 Morgen eingetheilt und 1 Morgen kann ungefähr geben 2 Schaff Kern oder 2½ Schaff Gerste, das hiesige Schaff zu 8 Metzen (Augsb. Messerei) gerechnet.

Zu andern Erzeugnissen der Erde, als Kraut, Rüben, Kartoffeln, (Grundbirn). Türkenkorn sind eine Menge Gärten vor jedem Thor, welche meistentheils den Pflegen angehören, andere aber Eigenthum der Bürger sind. (So 1791).

Einen besondern Abschnitt in den landwirthschaftlichen Verhältnissen der Stadt bildet die Gemeindeweidegründeaustheilung, die nach langen Kämpfen endlich im Jahre 1794 zu Stande kam.

Zu den Gemeindeweidegründen wurden behufs der Vertheilung

---

*) Eine Zählung des Viehstandes im Mai 1868 hatte folgendes Ergebniß:

Gesammtpferdestand 291, von welchen
 12 Hengste
 135 Wallachen
 102 Stuten
 42 Fohlen, d. i. Pferde unter 3 Jahren

Rindviehstand 1587 nämlich:
 77 Ochsen
 14 Zuchtstier
 960 Kühe
 438 Jungvieh
 98 Kälber

Schafe 815
Schweine 272
Ziegen 34
Bienenstöcke 66

auch einige städtische Pachtgründe geschlagen und kamen in den Jahren 1794 und 1795 folgende Gründe und Parzellen zur Austheilung:

Die beiden Zwinger bei St. Leonhard (Stadtvogt- und Burgermeisterzwinger) Garnbleich, Kuttelfleck, Altwasserstück, Binseneck, Rottlen, Lettengrüben, Mittelstück, Saurieb, der Trieb und der Platz zum größern Theil. — Alles jenseits der Donau.

Eine zweite Austheilung hatte in den Jahren 1804 und 1805 Statt und kamen dießmal ins Treffen:

Der restige Theil des Platzes, die Nachtweide, das Donaustuck, Biblis, die Bruckweide, die Langweid, die untere und die obere Haide — jenseits der Donau; dagegen diesseits der Donau: die Zwerg und die Schanzen um die Stadt.

Der Austheilung mußte selbstverständlich die Vermessung des ganzen Complexes in einzelne Theile vorausgehen und die Vertheilung selbst geschah durch das Loos. Weitläufige Akten liegen darüber vor.

An dieser Theilung participirten nur Hausbesitzer, so daß bei der ersten Vertheilung jedes Haus einen Theil erhielt, bei der zweiten Vertheilung 3 Theile und sohin im Gesammten auf jedes Haus 4 Gemeindetheile kamen. Es läßt sich von selbst ermessen, daß ein großer Theil der Gemeindegründe als Weide- und Heideland uncultivirt gewesen, so daß mancher Theil um den Spottpreis einiger Gulden, ja noch weniger von den Theilnehmern wieder losgeschlagen wurde; ein Theil soll z. B. nur um ½ Schaff Gyps, welches damals einen Werth von 1 fl. 12 kr. hatte, weggegeben, ein anderer beim Kegelspiel als Einsatz genommen worden sein. Ja manche Theilnehmer erschracken über das ihnen gewordene Loos eines Gemeindetheiles je der Lage nach und sträubten sich so zu sagen, gegen dessen Annahme. Nunmehr haben diese Gemeindetheile in Folge Cultivirung einen hohen Werth. (150 fl. bis 200 fl.)

Die Gemeindegründe waren vor der Vertheilung der Tummel- und Weideplatz der Pferde Tag und Nacht zur offenen Zeit, und nur im Winter hatte Stallfütterung Statt, was allerdings die Pferde ungemein abgehärtet und gekräftigt.

In Folge der Gemeindegründevertheilung und dadurch veranlaßten Cultivirung der Grundstücke mußten auch die Straßen und Wege verbessert werden und was nur dem Hufe des Pferdes zugänglich war, wurde es nach und nach auch den Klauen der Rinder, daher sich seit dieser Zeit der Zugpferdebestand in dem Maaße verringert hat, als die Rindergespanne zugenommen und daß statt wie früher 100 Bürger mit dem Pfluge ins Feld fuhren, nun wohl drei oder noch mehrmal so viel. Von sogenannten Kühfuhrwerken wußte man vor 60 Jahren noch nichts und wäre ein solches Gespann als abentheuerlich angeschaut worden.

Wie das Weide- und Haideland hügelig, uneben, voller Bückel, wie der Landmann sagt, pfützig und sumpfig war, so sah es mit den Wegen aus, die nur mit aller Mühe und Anstrengung befahren werden konnten, so daß die Neuzeit keine Ahnung mehr davon hat, wie früher die Menschen und Thiere sich in dieser Richtung plagten mußten.

§. 20.
Lauingen als Geburtsort hervorragender Persönlichkeiten.

Als hervorragende Persönlichkeiten in Wissenschaft, Gelehrsamkeit und Kunst und als solche, die zu hohen Würden in Kirche und Staat gelangt sind, führen wir folgende zu Lauingen geborene Männer als uns aus Schriften oder sonst bekannt an:

Außer dem Stern erster Größe, dem bereits genannten **Albertus Magnus**:

1) **Heinrich**, der vierte Probst des regulirten Chorrherrn-Klosters zum heil. Kreuz in Augsburg, von 1298—1344.

2) **Ulrich II.** von Imhof, der 15. Probst zu Indersdorf, von 1355—1372. (Er wird in den Annalen des genannten Stifts und Klosters viel gerühmt).

3) **Ulrich III. Neublinger**, der 15. Reichs-Prälat und Abt zu Kaisersheim, von 1339—1361.

4) **Leonhard Weinmmayr**, der 20. ebendaselbst, von 1427—1440.

5) **Johann Spangler**, der 15. Abt von Ettal 1495—1511.

6) **Placibus Gall**, der 18. Abt ebendaselbst, von 1549—1566, von lutherischen Eltern geboren, (er wird in den Annalen als ein Vorsteher von großem Verstande, besonderer Geschicklichkeit und vorzüglicher Wachsamkeit gerühmt).

7) **Valentin Pryhard**, der 18. und letzte Probst des regulirten Chorherrn-Klosters Herbrechtingen, welcher 1536 die Reformation annahm.

8) **Franz Lindenmann**, der 44. und letzte Probst und Archidiacon zu Baumburg, geb. den 11. März 1769, erwählt 1801, später Pfarrer zu Höslwang im Landgericht Trosberg.

9) **Amandus Seser**, aus einem hier lange blühenden —

vor einigen Jahrzehnten ausgestorbenen Geschlechte — Prälat des Klosters ord. St. Benedicti zu Fultenbach, 1768.

10) Caspar Ammann, Augustiner-Ordens-Priester, Lektor und Prior dahier, 1485, gest. 1524,*) ein großer Orintalist.

11) Clemens Sender, Benediktiner zu dem heil. Ulrich und Afra in Augsburg, ein verdienter Geschichtsschreiber, dessen Werke größtentheils noch Manuscript sind, geb. 1475, gestorben nach 1536.

12) Georg Täsinger, Archidiakon in Gmünd circ. 1531.

13) Dr. Martin Ruland, berühmter Medicus (Arzt) geb. 1569, gest. 1611.**)

---

*) Mehreres von ihm in F. A. Voith Biblioth. Augustana. Vitam hujus et scripta habes in Joann. Felicis Ossinger Biblioth. Ordinis. Eremitarum S. Augustini pag. 42, 43. quam ex Miscellaneis Jac. Bruckeri supplebis, quantum ad Psalterium ab Ammanno hoc editum, multo rarissimum. Sein Vater war hier Bürgermeister, und starb den 22. Mai 1523 im hundertsten Jahre seines Alters.

**) Als im Jahre 1862 eine Restauration des Pfarrkirchenthurmes Statt hatte, und von dem obersten Gesimse des Thurmes unterhalb des Kranzes die schadhaften Steine herabgeworfen wurden, fanden sich unter diesen auch drei Bruchstücke aus schönem rothen Marmor. Auf denselben ließen sich deutlich eingemeißelte Figuren und Worte sehen und zwar auf einem dieser Steine ein vollkommen gut erhaltenes Wappen, mit einem stehenden Löwen, der ein Beil hält, links von demselben ein gehörnter Mann, um dessen Arm sich eine Schlange windet (Aesculap, der Heilgott?)

Von der Um- und Inschrift war noch zu lesen:
„TVSLVX. Obdormivit, Martin (Rula) n das Pater D, Medicus Palatinus. CI(I)CII hora II. ante L (ucem)
De vita rogitas? Docuit, scr . . . . . (scripsit) fecit et ad superorum devener . . . : Syncere et solido ardenterque Sic qui vixit humo, non moritur.

Aus der Inschrift ist daher zu entnehmen, daß dieser Stein der Gräbstein Rulands des Aelteren ist, der als Arzt hier 1602 starb. Es gab nämlich zwei Rulande:

1) Ruland Martin, ein Medicus, geboren zu Freisung, [...] wie auch des Pfalzgrafen Philipp Ludwig Leibarzt (zu Bayingen), auch anno 1602 am 3. Februar, im 70. Lebensjahre seines Alters [...] Seine Schriften, die er bereits von seinem 22. Jahre an herausgegeben, sind: 1) Hydriatice, seu ratio [...] e totius corporis [...] aquas dulces, acidas et Thermas, species et vires [...] genus, nomina, item loca et vires balneorum cum aphorismis [...]

14) M. Christoph Cellarius, evangelisch-lutherischer Professor der Dialektik in seiner Vaterstadt, geb. 1575, gest. 1635 als, Physikus von Geißlingen, zu Ulm.

15) M. Christoph Cellarius, des vorigen älterer Sohn, geboren 1599, als Superintendent in Schmalkalden 1642, dessen Sohn der berühmte Hallesche Gelehrte und Professor Christoph Cellarius war.

16) Ludwig Betzel, Dechant und Stadtpfarrer allhier, 1624 in Dillingen zum Doktor der Theologie creirt.

17) Erasmus Grueber, evangelisch-lutherischer Theolog, geb. 1609, gest. 1684.

18) Alphons Wölfle, Cistercienser und Pfarrer in Kaisersheim, Verfasser eines für dieselbe Zeit beliebten Katechismus unter dem Titel: Kinder=Ehr und Kinder=Lehr=Schankung † 1730.

19) Christian Widemann, ebendaselbst Cistercienser und vieljähriger Pfleger zu Heilbronn am Neckar, Verfasser einer physikalischen Abhandlung,*) geb. den 4. Okt. 1754.

20) Georg Grill, Pfarrer in Kicklingen, geboren den 13. April 1750. In C. C. Nopitsch Fortsetzung des Willischen Nürnberg. Gelehrten=Lexikon kommen noch zwei gebürtige Lauinger als Schriftsteller vor, nämlich Heinrich Blank oder Planccius und Caspar Uttenhofer. (Uttenhofer schrieb über Astrologie.) — Von den Thaten eines Lauingers, Veit Kanonengießer im Türkenkriege handelt Sender in seiner ungedruckten Chronographia.

(Johann Hitstet von Lauingen war des Pfalzgrafen Philipp † 1584 Dollmetsch und Küchenmeister.)

Ruland Martin, ein Medicus und Sohn des vorhergehenden, war zu Lauingen 1569 geboren. Er wurde bereits 1587 in dem 18. Jahre seines Alters zu Basel mit der Doktorswürde beehrt und 1594 zu Regensburg als Stadtphysikus angenommen. Anno 1607 ernannte ihn der Kaiser Rudolph II. zu Prag zu seinem Leibarzt, wo er aber 1611 an der ungarischen Krankheit starb.
Seine Schriften sind:
Hydiatrice seu aquarum medicarum lectiones: historia de aureo dente, balnearium restauratum; problemata chymica cum tratatu de lapide philosophico, curationum historicarum centuria, problemata medicophysica.

*) In der Dedication an seinen Reichsprälaten Cölestin II. kömmt der tragicomische Druckfehler vor: „Ew. Hochwürden und Gnaden waren immer vom Geiste der Wissenschaften beefelt „statt beseelt."

Aus neuerer und neuester Zeit leuchten folgende Namen hervor:

Wirth J. Michael, Professor der Philologie, Philosophie und Theologie. Derselbe wurde geboren am 1. Oktober 1788, der Sohn eines Handelsmanns.

Talente in Verbindung mit unermüdetem Fleiße ließen schon in den ersten Jahren seiner Studien schließen, daß er einst ein tüchtiger Mann werde. Er machte an der damals sehr blühenden Studienanstalt zu Dillingen so ausgezeichnete Fortschritte in den Wissenschaften, daß er bald die Krone der Lehranstalt und die Freude seiner Lehrer wurde.

Mit Michael Schmid, der nach Leibnitz zuerst wieder das große Feld der Pasigraphie bebaute, reiste er im Jahre 1810, nach erlangter Weihe zum Priester nach Wien, um die dortige Akademie der Wissenschaften mit den Leistungen der Pasigraphie in dem Gesammtgebiete der Sprachen bekannt zu machen. Beifall, Lob und Auszeichnung floßen ihnen im reichen Maaße zu.

Wirth begab sich später nach München, um sich unter dem, in seinem Fache einzigen Thiersch der Philologie zu widmen.

Der königliche Ruf führte ihn als Professor ans Gymnasium nach Regensburg und er wurde dort zum Professor der Philosophie am Lyceum befördert. Von hier aus kam er als Rektor ans Gymnasium nach Würzburg und schließlich nahm er den Lehrstuhl der biblischen Hermeneutik, Exegese und Pädagogik am Lyceum zu Dillingen ein, wo er am 19. Juli 1832 seine irdische Laufbahn beschloß.

Aus seiner Feder flossen mehrere schätzenswerthe Schriften, als: Ansichten des Glaubens, die Pharisäer, Altes und Neues über den zweiten Brief an die Korinther, das Büchlein Ruth, Freundschaft im Geiste der heil. Schrift, Commentar über die Apostelgeschichte des heiligen Lukas.

Der vorletzten Schrift „Freundschaft im Geiste der heiligen Schrift" ist in der Ausgabe vom Jahre 1834 die Biographie „einige Züge aus Michael Wirths Leben" als Zugabe beigegeben, eine treffliche Charakteristik des Verlebten gezeichnet von der Hand eines Schülers des gefeierten Lehrers.

Unter allen Professoren, die ich hörte, sagt dieser, war Wirth — Görres und Schubert ausgenommen, weitaus der geistreichste und gewandteste im Vortrage und Wirth gehört mit Recht unter die berühmten Männer Lauingens.

Zum Schlusse lassen wir die Grabschrift, in welcher das Wesen des Verewigten während seines Wandels hienieden wie in einem Schattenrisse charakterisirt ist, folgen:

„Was er gedacht, gethan, gelehrt, geschrieben —
„War Eins — Beförderung des Reichs der Wahrheit.
„Von Liebe ward sein Geist dazu getrieben —
„Im Glauben stark, erhellt von Himmels Klarheit
„Der Geist des Herrn war seines Lebens Leben,
„Ihm nur geweiht sein Wollen, Wirken, Streben;
„Im Leidenssturm geprüft sein Herz und Sinn
„Und so der Tod ihm seligster Gewinn!

Unter den Jünglingen und Männern, welche das Vaterland in den Kriegswirren am Anfang des gegenwärtigen Jahrhunderts zu den Waffen rief und welche diesem Ruf auf das blutige Feld der Ehre folgten, finden wir auch Söhne der Stadt Lauingen.

Unter denselben hat sich auch einer derselben eine bevorzugte Stellung errungen. Seinen vor uns liegenden Nekrolog lassen wir folgen:

Am 27. Februar 1858 ward ein tapferer, biederer, um König und Vaterland wohlverdienter Veteran, der k. Generalmajor Schropp, zur Erde bestattet.

Marcus Schropp, geb. den 16. Juli 1796, war der Sohn eines k. Salzinspektors von Lauingen in Schwaben. Die eifrigste Sorge seiner Eltern war, durch eine gute Erziehung und Ausbildung nach all ihren Kräften seine Zukunft zu sichern; ihre Sorge ward belohnt und ihr Wunsch ist in Erfüllung gegangen. Im Alter von 16 Jahren bezog Schropp, nachdem er an dem damals in hoher Blüthe stehenden Gymnasium zu Dillingen die Anfangsgründe der Wissenschaft und höheren Bildung er= langt hatte, die neu aufblühende Universität Landshut. Doch war die damalige aufgeregte Zeit der Pflege der Wissenschaften weniger hold und jugendlicher Thatendurst und eine feurige Phantasie bewogen auch den jungen Schropp dem Beispiele so vieler Anderer zu folgen und die Kräfte seines Geistes und Armes dem Dienste des Vaterlandes zu weihen. Er trat deßhalb im Jahre 1812 als Freiwilliger in das Chevaulegers=Regim. Fürst Leiningen ein und avancirte schon vor Jahresfrist zum Lieutenant; als solcher machte er die Schlacht bei Hanau, sowie 1813 und 1814 die Feldzüge gegen Frankreich mit. — Im Jahre 1825 ward er Oberlieute= nant im 4. Chevaulegers=Regiment König; 10 Jahre später Rittmeister im 3. Chevaulegers=Regiment Herzog Max und im Jahre 1848 beförderte ihn das Vertrauen Sr. Majestät des Königs zum Major im 6. Chevau= legers=Regiment Herzog Leuchtenberg, dessen Oberst er im Jahre 1850 ward. Im Jahre 1855 ward er Vorstand des Armee=Montur=Depots in München und im Jahre 1857 wurde er unter der ehrendsten Anerkenn= ung seiner Verdienste zum Generalmajor charakterisirt. — Es ist dieß ein flüchtiger Ueberblick seines vielbewegten Lebens, welches am 25. Februar 1858 ergeben in einen höheren Willen, schloß. Sein Tod mußte seine Familie, die an ihm den zartbesorgten Vater verlor, in tiefe Trauer ver= setzen und seinen Verlust um so schmerzlicher machen, da die einzelnen Glieder derselben großentheils noch unversorgt waren. Das Vaterland aber verlor an ihm einen treuen Diener, seine Untergebenen einen besorgten und eifrigen Vorstand. „Durch ausgebreitete Kenntnisse und treue Pflicht=

erfüllung mußte er sich die ehrende Stellung zu erwerben, mit welcher Sein König ihn bekleidete, sowie die Achtung und Liebe Aller, mit denen sein Beruf ihn in nähere Berührung brachte.

Einen Ehrenplatz in den Annalen der Stadt verdient der leider zu früh aus dem Leben geschiedene **Mittermaier Ludwig**, Gründer und Leiter der hiesigen Glasmalereianstalt.

Es liegt uns unter der Aufschrift „ein deutsches Künstlerleben" von der gewandten Feder eines Freundes des Verewigten eine Lebensscizze des letztern vor, welche wir hier folgen lassen:

Am 22. Februar 1864 starb zu Lauingen unerwartet, an der Seite seiner ebenfalls kranken Gattin, am 6. Jahrestage seiner Vermählung, 37 Jahre alt — der Glasmaler Ludwig Mittermaier, als Künstler in seinem Fache ein anerkannter Meister und die Zierde und der Stolz seiner Vaterstadt und des ganzen schwäbischen Volksstammes. Sein Leben war voll Mühe und Arbeit, sein Streben war immer auf das Höchste und Edelste gerichtet. Er war ein Autodidakt in der besten Weise, und ward es durch ein — menschlich geredet — tragisches Geschick. Geboren am 24. Januar 1827 zu Lauingen, zeigte er sich schon früh als ein höchst talentvoller, begabter Knabe. Mit 12 Jahren kam er an die Kunstschule in Augsburg, wo er acht Monate verweilte, als er in Folge des plötzlichen Todes seines Vaters, eines Malers, augenblicklich in seine Vaterstadt zurück mußte, um — als Anstreich- und Zimmermaler sich selbst, seine Mutter und eine Schwester zu ernähren. Als er im Laufe des Sommers einmal mit mehreren Knaben seines Alters am Ufer der Donau spielte, kam einer derselben dem Rande des Flusses zu nahe, stürzte hinein und rang, des Schwimmens unkundig mit den Wellen. Mittermaier sprang alsbald ganz erhitzt, wie er war, ihm nach, und brachte den bereits gesunkenen Kameraden glücklich ans Ufer. Er selbst aber, als er an das Land gekommen war, sank ohnmächtig zusammen, und man trug ihn, wie entseelt nach Hause. Als er wieder zum Leben erwachte, war ein heftiges Nervenfieber ausgebrochen, von dem er zwar wieder genas, aber von der Zeit an war er stocktaub, so daß er nicht einmal mehr die Kirchenglocken hörte. Nun mit einemmale ganz von der Außenwelt, ihren Unterhaltungen und Zerstreuungen abgeschlossen, fühlte er sich einige Zeit sehr unglücklich. Aber bald warf er sich mit aller Kraft seines Geistes auf das Studium, ohne fremde Anleitung, und erwarb sich ungemeine Kenntnisse, besonders in der Geschichte und der Chemie. Selbst die römischen und griechischen Klassiker, die er freilich nur in Uebersetzungen lesen konnte, hatte er alle, wie ein Fachgelehrter. Altdeutsche Literatur und Kunst- und Alterthumsforschung aber waren seine Lieblingsfächer, die er, wie Alles, was er trieb, unterstützt von einem riesigen Gedächtniß und scharfem Verstande, sich gründlich aneignete. Auch in der Schriftstellerei versuchte er sich, und schrieb einige recht artige Erzählungen für die Jugend, worunter besonders „der Sohn der Griechin", zwei Brüder aus dem Volke", „der Waffenschmied und seine Söhne", „aus dem Leben eines Heimathlosen", hervorgehoben zu werden verdienen. Er gab seinen Schilderungen stets einen historischen Hintergrund, den er mit meisterhaftem, kulturgeschichtlichem Pinsel ausmalte. Nur wenige seiner Schriften erschienen mit seinem Namen. Anonym schrieb er als sein letztes Werkchen 1849: „Das Sagenbuch der Städte Gundelfingen, Lauingen, Dillingen, Höchstädt und Donauwörth," dem er 1851 noch ein zweites Bändchen: „Sagen- und Geschichtbuch der Städte Burgau, Günzburg, Gundelfingen, Lauingen, Dillingen und Werlingen" (im Selbstverlage), nachfolgen ließ. Von allen diesen Schriften und Bestrebungen wollte er indeß in letzterer Zeit nichts mehr hören, und zwar aus ächter Bescheidenheit, die einer seiner edlen Charaktereigenschaften war. Daß er mit den größten Gelehrten (wie Hammer-Purgstall, G. H. v. Schubert) in Verbindung stand, die ihn mit Briefen beehrten und ihm ihre Werke zuschickten, auch mit Dichtern, wie Anastasius Grün und Hebbel, erfuhr Referent nur zufällig, als Herr Hammer-Purgstall dem Mittermaier die Ausschmückung seiner Schloßkapelle anvertraute, eine Arbeit, durch welche der junge Künstler zuerst den Grund zu seinem nachmaligen Wirken legte. Auf die Glasmalerei verwendete er unsägliche Arbeit, denn er begann ganz allein Alles aus sich selbst, bereitete sich selbst alle Farben, konstruirte seine Brennöfen, dachte Tag und Nacht über Verbesserungen nach, erfand neue Pigmente, besonders ein wunderschönes Tiefblau, und wirkte so unermüdet, ja fast übermäßig, wie etwa einer der berühmten alten Meister. Täglich wuchs das Vertrauen zu seiner Anstalt, täglich mehrte sich die Arbeit. Zeugniß von ihm legen ab die Kirchen zu Weiler in Bayern, Mehrerau und Dornbirn in Oesterreich, Sayn und mehrere andere am Rhein, die Schloßkapelle in Sigmaringen, die Kirchen zu Aulendorf, Leutkirch, Tettnang, Ellwangen, Ravensburg und vorzüglich Schwäbisch-Gmünd. Ueber seine künstlerischen Leistungen in Ravensburg spricht sich das „Christliche Kunstblatt" von E. Grüneisen, L. Schnaase und J. Knorr von Karolsfeld vom 1. Oktober 1862 in höchst anerkennender und rühmender Weise aus. Was er in Wangen für Herrn Professor Bachbauer in Stuttgart leistete, darüber möge dieser kompetente Richter sich selbst aussprechen. Dieß möge über seine andern Arbeiten auch Hr. Professor C. Andrae in Dresden thun, welcher ihm zu den meisten und bedeutendsten seiner Schöpfungen die Kartons lieferte. Referent fühlt sich dafür weder kundig genug, noch ist er gewillt, seinem heimgegangenen Freunde die ihm so eigene Bescheidenheit zu verletzen. Neben diesen vielen Berufsarbeiten hatte er auch noch sein altes Haus ganz neu gebaut, selbst im schönsten altdeutschen Style daran einen Malsaal mit Wohnzimmern aufgeführt und in den letzten zwei Jahren eine Wirthschaft diesen Gebäuden, von Grund aus neu errichtet, den Garten geangelegt und dessen Arkaden mit belehrendem Bilderschmuck — so daß dieser Gebäude-Zusammenhang jetzt einen wahren seiner Vaterstadt ausmacht. Bei all dieser umfassenden Wirksamkeit war dieser seltene Mann immer heiter und wohlgemuth; er wie ein reines Kind, an Allem erfreuen, und eine reiche, ächt humoristische Ader ließ ihm zuweilen da noch eine heitere Seite von andern Gemüther nur Düsterniß erblickten. Damit verband, wie Jean Paul, jenen auf das Höchste gerichteten heiligen der nur in wahrem religiösen Tiefsinne wurzelnd, in allem seinem sich bekundete und oft gleichsam ahnungsvoll aussprach. Motto für sich selbst, in das Oberlicht des Thores, mit den trefflichen Kunstwerken geschmückten Ein-

— wirke heute!" Alles in seinem Hause war sinnig, geschmackvoll, dabei höchst bürgerlich eingerichtet. Um so reicher und werthvoller aber sind seine Sammlungen an Kunst = und Alterthums = Gegenständen. So lieb ihm aber diese waren — er gab mit freudestrahlendem Blicke oft die köstlichsten Stücke an Freunde ab, wenn er sah, daß diese sie wünschten. Wer sein gutes Herz kannte, ließ sich darum in seiner Gegenwart keinen solchen Wunsch ansehen. Wie viele tausend Thränen von Bedrängten und Armen er großmüthig trocknete — das wissen nur diese und Gott. Freude machen war in letzter Zeit überhaupt. fast seine einzige Freude. Aber seit etwa zwei Jahren beunruhigte ihn eine räthselhafte Kränklichkeit, die ihm bald Ohnmachten, bald Bangigkeiten und Ueblichkeiten verursachte und meistens schnell, wie sie kam, wieder verschwand. In der letzten Zeit brach jedoch das Leiden mit Allgewalt über ihn herein. Am Ende des Jahres 1863 endete sein Schwager und Gehilfe in Geistesstörung auf höchst traurige Weise. Das war ihm ein berber Schlag. An seinem 37. Geburtstage gebar ihm seine Gattin ein Söhnlein. Nachdem wieder eine kurze Linderung eingetreten war, befiel ihn die Krankheit wieder aufs Heftigste, und nachdem er am Sonntag den 21. Februar mit den Tröstungen der Religion versehen worden, verschied er am Vormittag des andern Tages. Heiter lächelnd wie ein Kind lag er da; und so war er eingeschlummert. Am Mittwoch den 24. Februar, ward sein Leib feierlich der Erde übergeben.

Im Künstlerfache verdient gleichfalls rühmliche Erwähnung der leider auch zu früh geschiedene Kunst= und Historienmaler Johann Thurner, Sohn eines Malers dahier (geboren 25. März 1831 — gest. 18. Juni 1865). Die Freskomalereien in den Kirchen zu Münster (Landg. Rain), zu Thierhaupten, Haberskirch, Oberpaar, Oberfinningen, Oberstaufen, Stephansrettenberg, Fristingen, in der Gottesackerkapelle zu Pöttmes sind namentlich sein Werk.

Von den noch lebenden Würdenträgern erwähnen wir namentlich des hochverehrten Landsmannes Herrn Michael Frieß, Domkapitulars und Generalvikars der Diöcese Eichstädt.

Als wir am Abschlusse des vorliegenden Abschnittes angelangt, erhielten wir von Freundeshand folgende schätzbare Mittheilung, welche wir unter Dankeserstattung wörtlich folgen lassen.

Unter den wahrhaft edlen und großen Söhnen der altehrwürdigen Stadt Lauingen nimmt eine Ehrenplatz mit Recht ein:

Heinrich V. Wernher 32. Abt des Benediktinerklosters Deggingen im Ries.

Er wurde geboren zu Lauingen den 17. Oktober 1654. Sein Vater war Wolfgang Jakob Wernher ein Glaser; seine Mutter Anna Martin. Schon in der Taufe erhielt er den Namen Johann Heinrich. Den Grund seiner Studien und seiner großen Musik-Kenntniß legte er in dem im Jahre 959 gestifteten Kloster Deggingen im Riese, und setzte dieselben fort in Dillingen. Unter Abt Chrysostomus Müller legte er in demselben Stifte seine Profeß ab den 25. April 1674. Nach Vollendung seiner ausgezeichneten Studien wurde er am 9. Oktober 1678 zum Priester geweiht; begleitete in seinem Stifte unterschiedliche Aemter, erst als Pfarrer in Hoppingen, dann als Novizen-Meister und endlich war er Prior. Am 20. Dezember 1700 wurde er einstimmig als Abt des Klosters erwählt. Es waren damals nur wenig Religiosen in dem durch den Schwedenkrieg fast gänzlich ruinirten Kloster. Unter diesen befand sich auch Frater Bernardus Wernher, sein leiblicher Bruder, ein Glaser seines Handwerks. Schwer, in jeder Beziehung, war der Anfang seiner wahrhaft väterlichen Regierung; jeder weniger edle, umsichtige und thatkräftige Mann würde den Muth verloren haben. Nachdem er einiger Maßen den Haushalt geordnet und den Hauptruin gebessert hatte, ließ er durch Glockengießer Killas in Dinkelsbühl 4 harmonische Glocken gießen (die alten hatten die Schweden geraubt) und weihte sie am 1. August 1702. Er baute auch einen Ziegelstadel — um später das ganze Kloster neu bauen zu können. Allein gleich darauf wurde der edle Mann schwer, wie Job, geprüft. Als am 8. September 1703 im spanischen Successionskrieg Ulm durch List genommen worden, mußte Abt Heinrich, nachdem seine Religiosen nach allen Seiten hin zersprengt waren, nach Nördlingen flüchten. Nur drei konnten im Kloster bleiben. Davon wurden zwei, der Prior P. Benedikt und P. Willibald durch die Franzosen als Geißeln nach Donauwörth abgeführt und dort hart eingekerkert, weil das Kloster die verlangte Brandschatzung von 2500 fl. nicht bezahlen konnte. Rührend, und wahrhaft christlich großartig sind die Trostbriefe, die Abt Heinrich an seine Mitbrüder dorthin schrieb. Der treffliche Mann kam nun in eine unsägliche Verlegenheit dadurch, daß ihm die damalige Miniatur-Souveränität Wallerstein, gleichsam Namens des Reiches, verbot, diese Brandschatzung zu zahlen und es auf das Plündern und Niederbrennen des Stiftes ankommen lassen wollte. Allein sein Freund, der ebenfalls große Abt Amandus (Röls) bei heil. Kreuz in Donauwörth zahlte die Summe für ihn, und das Stift kam so mit dem Schrecken davon. Nachdem die Greuel dieses Krieges überstanden und Abt Heinrich mit seinen zurückgebliebenen Religiosen wieder in Deggingen eingezogen waren, erwarb durch umsichtigen Kauf, durch neue Kultur und Verbesserung der ganzen Wirthschaft der große Mann eine Masse rentirlicher Güter, besonders von dem säkularisirten Charteuser-Kloster Christgarten, und legte so den Grund zu einer großartigen Blüthe seines Stiftes, wie dieselbe früher nie bestanden hatte. Allein nicht bloß im Zeitlichen, auch im Geistigen war der herrliche Mann ein (damals) seltenes Muster von erleuchteter Frömmigkeit und wahrhaft christlicher Toleranz. Er hatte Freunde und Verehrer unter Katholiken und Protestanten, in den höchsten und niedersten Ständen. Einer seiner treuesten Freunde, der den steten, fördernden Verkehr mit Abt Heinrich unablässig pflog, war der durch seltene Naturgaben und eine Leutseligkeit ausgezeichnete protestantische Fürst Albrecht von Oettingen-Oettingen, der am 30. März 1731 im 62. Jahre seines Lebens zu Schrattenhofen allgemein betrauert starb.

Ein Chronist des Klosters schreibt in seiner gutmüthigen Naivität folgendermaßen: „weilen unser Abt Heinrich vielfältig bei und mit evangelischen Fürsten sich aufhielte, auch die Lutheraner zu sagen pflegten: der Herr Abt von Deggingen noch lutherisch, oder unser Fürst katholisch."" — In diesem Jahre (1731) baute Abt Heinrich Kirche und Thurm in Uzmemmingen neu auf. — Schon vom Jahre 1718 schreibt der Chronist! „Weilen unser Kloster ziemlich schadhaft und ruinos zu werden begunte, hat Abt Heinrich den Entschluß gefaßt, selbiges von Grund neu aufzuführen. Daher wurde im Jahre 1718, da es eben 200 Jahr stunde, von der Zeit nämlich da es Abt Alexander Hummel im Jahre 1516 anfangen zu bauen, der erste Stein den 15. Juli am Feste des heiligen Kaisers Heinrich, am Namenstage des Abten Heinrich's von Abt Amand von Neresheim in Beisein vieler Gäste gelegt, an dem Ort, wo die Gruft ist erbauet worden.

Dieser Bau, ein wahres, großartiges Meisterstück, schritt mächtig vorwärts. Denn der Chronist schreibt vom Jahre 1721 „weilen der neue Klosterbau schon ziemlich weit kommen ware, wurde auch der Grund zu einem neuen Thurme gegraben, und den 19. Januar der erste Stein von Abt Heinrich in Gegenwart venerabilis Conventus gelegt." Zu dem baute Abt Heinrich noch verschiedene Pfarrhäuser, Zehentstädel und andere nützliche Gebäude für das Kloster, welche alle einzeln aufzuführen zu weitläufig wäre. Vom Jahre 1733 bemerkt der Chronikschreiber: In diesem Jahre wurde unser Thurm, so anno 1721 angefangen und halb gebaut worden, heuer völlig aufgeführt und verfertiget." Dann anno 1735 ist der in unserm Klosterhof stehende Röhrenbronnen (die mittlere Saul sammt dem Bildniß des heiligen Erzengels Michael aus Stein verfertiget ausgenommen) aus dem Wemdinger Steinbruch hergestellet worden. So, mit war der wahrhaft schöne Prachtbau vollendet, eine weithin schauende Zierde des ganzen lieblichen Rieses. Das blieb er, bis nach der Säkularisation dieses Stift dem Hause Wallerstein zufiel, welches ihn, dem neuen Verfalle überantwortend, durch Abbruch eines (des südlichen) Flügels vor etwa einem Jahrzehend zur Trauer aller Kunstfreunde widerwärtig entstellte. Wenden wir uns von dem zerfallenden Werke des edlen Abtes ab (wenn auch mit Wehmuth!) und ganz nur mehr seiner Person zu.

Schon im Jahre 1728 am Feste des heiligen Martin hatte der liebenswürdige Mann sein Priesterjubiläum gefeiert. Mit welch allgemeiner Theilnahme dieß geschah — läßt sich leicht denken. Assistenz leistete ihm P. Abt Michael aus Fultenbach und die Predigt hielt P. Matthäus Nothaber Jesuiten = Prior aus Oettingen. Zugleich hielt Markus Joseph Herr aus Oettingen seine Profeß und erhielt den Namen Heinrich. Darauf wurde, wie der Chronist schreibt, ein Drama musicum gespielt, welches am 23. November wiederholt wurde in Gegenwart des Fürsten Albrecht Ernest von Oettingen nnd seiner Frau Gemahlin und Frau Tochter Gräfin zu Wiggersheim. Nochmal wurde dasselbe wiederholt am 2. Aug. des nächsten Jahres in Gegenwart des Herzogs Ludwig Rudolph von Braunschweig - Wolfenbüttel und der Herzogin Christina Louise, die im Kloster Gäste gewesen sind. So gelangen wir denn immer näher zum Ende des trefflichen Abtes. Der Chronist schreibt: „Anno 1743 geschah in unserm Kloster eine große Aenderung. Es war Abt Heinrich durch Gottes Gnade zu einem hohen Alter gelanget und hatte heuer schier gar das 8). Jahr seines Lebens erreicht. Obwohl er auch in so hohem Alter dem Leib nach (die Füße ausgenommen) noch frisch und gesund, eines guten Gesichtes und heiteren Verstandes gewesen, so waren doch andere dem hohen Alter allzeit anhangende Schwachheiten vorhanden, welche ihm die abteiliche Regierung hart und unmöglich machten. Derohalben hat

Abt Heinrich mit vorgehendem guten Rath, um Gott seine noch übrige Lebenszeit ruhiger und freier dienen zu können, den 6. September die Abtei freiwillig resignirt und den 7. Oktober wurde der Prior Michael Dobler (ein geb. Dillinger) zum Abte erwählt.

So sind wir denn bis am Schlusse der Tage des thatkräftigen Mannes angekommen, und mit Recht lassen wir darüber den einfachen, wahrheitsgetreuen und herzlich frommen Chronikenschreiber ganz in seinen eigenen ungekünstelten Worten Bericht erstatten.

„Unser alterlebt resignirte Abt Heinrich, nachdem er kurz zuvor durch eine gählinge Schwachheit seines annahenden Todes von Gott erinnert worden, gab endlich den 8. Martii 1744, mit den heiligen Sakramenten versehen seine Seel auf in die Hände seines Schöpfers im 90. Jahr seines Alters plenus dierum voll der Tage und Verdienste vor Gott und der Welt. Unter seiner Regierung ist das ganze Kloster (die Kirche und der große Stabel im Bauhof ausgenommen) von Grund auf neu erbaut worden, ohne andere außer dem Kloster geführte Gebäu; hat viele Güter zum Kloster erkauft, unterschiedlich lang daurende Streitigkeiten geendet; die Religiosen von 8. oder 9 bis auf 18 vermehret und anderes viel Nützliches gethan, verordnet und verschafft. Seine ungezwungene Leutseligkeit und wohlgeordnete Wohlredenheit sammt einer gleichsam angebornen Gravität und sonderbaren Prudenz machten ihn bei Hoch und Niedern, bei Grafen, Fürsten und Herzogen beliebt und hochgeachtet. Doch sonderbar schien in ihm herfür die Barmherzigkeit gegen alle Armen, Bedürftigen, Nothleidenden und Kranken, welchen er als ein guter Samaritan gemeine nützliche Hausmittel unentgeltlich austheilte. War mithin eine Zuflucht der Bedrängten, Juden und Christen. Den Armen theilte er aus, was er am Tisch an seinem Maul von Essen oder Trinken, darinnen er gesparsam ware, erspart hatte. Ohne Zweifel hat ihm diese bescheidene Mäßigkeit, vielmehr aber das Gebet der Armen die Täg seines Lebens in spätes Alter verlängert. . . . Ein besonderes Zeugniß seiner gegen die Armen tragenden Milde und Barmherzigkeit hat er anno 1713 bei einfallender Theuerung und Vermehrung der Armen an den Tag gelegt, da er, wider Etlicher Einrathen, das Brod hat nit geringer und kleiner machen lassen; wofür er von den Armen tausend Vergelts-Gott, von Gott aber häufigen Segen erworben und erlanget."

Den 10. Martii ist der entseelt Leib unseres verstorbenen Abten Heinrich von Revd. Aurelio Abten zu Neresheim beigesetzt worden in unserer Gruft nach seinem eigenen Verlangen (sonst wurden die Aebte in der Kirche beerdigt) und zwar auf den ersten Stein des neuerbauten Klosters; zu dessen Ehren folgende Grabschrift hinzusetze:

    Paucis multa:
    Percipite Omnes
  Simul in unum dives et pauper —
  HENRICVS ABBAS Hujus Monasterii
 Alaboribus requiescit hic super lapide isto
 a quo coepit labores non exiguos
 Structuram nempe totius Monasterii
Quod non vacuum reliqueret varia coëmit bona;
    Sedulus Administrator,
   Principibus erat gratus,

Omnibus utilis,
Communis erat Pater Filiis, subditis, orphanis
et viduis!
Misericors Samaritanus aegrotis.
Hinc
in pace requiescet;
Scriptum est enim:
Beati misericordes; quoniam ipsi misericordiam consequentur
Math. 5. v. 7.

Daß diese Grabschrift reine Wahrheit ist, (was sonst bei Grabschriften selten der Fall) zeigen und zeugen die wenigen vorstehende Worte aus dem ungemein langen und thatenreichen Leben des edlen, großen, wahrhaft christlichen Sohnes der Stadt Lauingen, auf den sie, wie auf so viele andere (um einen weltgewöhnlichen Ausdruck zu gebrauchen) stolz sein darf. Der herrliche Mann führte in seinem Wappen und Siegel einen Pelikan, der mit seinem Herzblute seine Jungen ernährt.

Das war in der That ein „sprechendes Wappen". Möchte die Auffrischung seines Andenkens unter seinen spätern Mitbürgern Nacheiferer erwecken, daß diese, in ihrem Kreise und in ihrer Zeit, das werden und sein möchten, was seinen Lebensgenossen und seiner Zeit gewesen ist der edle und große Lauinger Abt Heinrich Wernher!

Schließlich können wir — uns der Vergeßlichkeit anklagend — nicht umhin noch eines Mannes Erwähnung zu thun, dem zunächst neben M. Wirth der Ehrenplatz gebührt. Es ist dieses Leonhard Nußbaum, Dr. der Theol. geb. am 18. Febr. 1810, † 1855 als Direktor des Clerikalseminars in Freising und erzbischöfl. geistl. Rath, dem, wie wir aus verläßiger Quelle wissen, der Bischofsstab zugedacht war.

Der Sohn eines Taglöhners widmete er sich, mit guten Geistesanlagen ausgestattet, mit solchem Eifer dem Studium, daß er sowohl das Gymnasium als die philosoph. Curse mit der I. Note absolvirte. Er trat sodann als Cand. der Theol. in das Georgianum zu München, erlangte dort den Doktorgrad, wurde den 28. März 1834 zum Priester geweiht und kam als Caplan nach Obergünzburg. Später zum Inspektor im Institute zu Nymphenburg berufen, trat er auf höhere Veranlassung zurück, übernahm die II. Inspektorstelle am Schullehrerseminar zu Dillingen, wurde dann Subregens im Georgianum zu München, in der Folge Rektor am Gymnasium, dann Professor der Philosophie und Theologie am Lyceum zu Freising, so wie Inspektor am Knabenseminar, endlich 1845 Direktor des Clerikalseminars. Im Oktober 1855 ward er ein Opfer der in Freysing herrschenden Cholera. Sein fast 80.jähriger Vater eilte dahin, kam jedoch erst die letzte Stunde vor dem Leichenbegängnisse an, um sich am Grabe des Sohnes den Tod zu holen. Er ging noch festen Trittes hinter der Leiche einher, aber als er nach 3 Tagen heimkehrte, ergriff auch ihn die gleiche Krankheit und legte ihn nach wenigen Stunden in's Grab.

Nußbaum wußte die Liebe des Christen und Priesters mit der Humanität eines gebildeten Mannes im seltenen Grade zu vereinigen und seine angeborne Heiterkeit und Freundlichkeit gepaart mit hohem Ernst zur rechten Zeit gewannen ihm überall Aller Herzen.

§ 21.
Kriegsläufe und Kriegserlittenheiten.

Juvat, socios habuisse malorum.

„Wenn wir uns von trüben und unglück»
„lichen Zeiten in noch unglücklichere versetzen,
„die Leiden und die traurige Lage unserer
„Voreltern betrachten und überall Menschen
„finden, die sie ertragen haben — ertragen
„mußten, so tragen auch wir etwas leichter
„die drückende Last, indem zugleich die Idee
„des Außerordentlichen beim Anblick ganz
„ähnlicher Ereignisse sich verliert und der
„Gedanke: „Es war jederzeit so" das inexo-
„rabile fatum in sclavischer Unterthänigkeit
„anbeten lehrt.

Hans Adam v. Reisach.

In Nachfolgendem versuchen wir dasjenige, was wir theils in dickleibigen Akten theils in einzelnen zerstreuten Blättern ꝛc. über die Kriegserlittenheiten der Stadt Lauingen ꝛc. gefunden haben, in chronologischer Ordnung vor das Auge zu führen.

Aktenstücke in dieser Richtung vor dem dreißigjährigen Kriege finden sich nicht, wie denn überhaupt außer den Pergamenturkunden oder Briefen Akten mit geringer Ausnahme erst aus der Zeit vorliegen, als nach dem Tode des Herzog Georg des Reichen die junge Pfalz unter Herzog Ott Heinrich gegründet worden.

Von dem schmalkaldischen Kriege als dem Vorläufer des drei=ßigjährigen finden sich z. B. keine Akten im dießseitigen Archive. Ein darauf bezügliches Bild — Urkunde — haben wir in dem öfter erwähnten Gemälde „Das Lager Kaiser Karl V. in Weiß=gay 1546."

Beim Ausbruch des schmalkaldischen Krieges 1546 wurde Dillingen von Herzog Ulrich von Württemberg — dem Vorkäm=pfer der Union (Protestanten) eingenommen. Das Domkapitel flüchtete sich von Dillingen nach Rain, Aichach, Landsberg und Weilheim.

Damals wurde auch das hiesige Augustinerkloster von den schmalkaldischen Truppen geplündert.

Im Oktober 1546 wurde Herzog Ulrich von den Truppen der Liga (Katholiken) unter Kaiser Karl V. zurückgedrängt nnd Dillingen wieder befreit.

Lauingen und Dillingen standen sich zu jener Zeit in so fern feindlich gegenüber, als Lauingen bereits der protestantischen Confession zugethan war, und also zu den schmalkaldischen Bundesgenossen hielt.

Es zeugt hievon das vorliegende Schreiben des Cardinalbischofs Otto zu Augsburg dd. 16. Februar 1547 an den Ersamen, weisen, unsern lieben besondern Bürgermeister und Rath zu Laugingen, welches wörtlich lautet:

Von Gottes Gnaden Otto der heiligen Kirchen Cardinal und Bischof zu Augsburg.

Unsern gruß zuvor Ersamen, weisen, lieben, besondern; Ihr habt euch zu erinnern:

Als uns verschinen Summer durch die schmalkaldischen pundsgenossen unser Stadt Dillingen wider Gott, Er und Recht abgetrungen, das etlich Burger und Inwohner zu Lauingen derselbigen Schmalkaldischen raub, so sie uns, unserm Thumbcapitul und Gaistlichen auch anderen verwandten mit plinderung und entfürung unserer güter zugefügt, an sich gebracht, und noch an handen haben, dessen wir uns gleichwohl in Bedacht der gnädigen Nachpaurschaft, damit unser vorfarn und wir gemeiner Statt Laugingen und sondern Personen beigewont, mit nichten versehen hätten, haben darum bei der kaiserlichen Majestät nnserm allergnädigsten Herrn erlangt, das Ihrer Majestät Will und Meinung ist, das uns und den unsern die güter von Barniß, so gemelte eure Burger oder inwoner an sich gebracht genzlich one entgelt widerumb zugestellt werden sollen, wie dann one das an im selbst pillich. Demnach so ersuchen wir euch hiemit gnebigtlich und nachpeurlich begerend ir wöllend alles Ernsts und von stund an allen denjenigen in Eurer Stat, so unser oder unserer verwandten plunder und güter wenig oder vil hetten, auferlegen und bevelhen, dieselbigen beraubten güter wiederumb one allen entgelt hieher zu antwurten, als wir uns dessen zu euch genzlich getrösten, uud ir auch ferner unser notturst von unserm Rath und getreuen lieben Urban Braunen derhalben anhören und vernemen werden. Desto lieber wollen wir euch auch und allen günstigen nachpeurlichen Willen beweisen.

Datum Dillingen den 16. Februar 1547.

Otho Cardinal
zu Augspurg.

Wie Dillingen von Seite der schmalkaldischen Truppen bedrängt worden, so mag es Lauingen von denen der Liga ergangen sein; es finden sich jedoch keine Details über die damaligen Kriegserlittenheiten vor, so wenig, als über die Kriegsereignisse aus noch frühern Zeiten z. B. Ludwig des Bayers (1310—1347) Ludwigs im Bart (1413—1447), Ludwig des Reichen (1450—1479), des Landshuter Erbfolgekrieges nach dem Tode Herzog Georg des Reichen 1503, nach dessen Beendigung die junge Pfalz gebildet wurde.

Die Religions- und Kriegswirren in der Mitte des 16ten Jahrhunderts verzögerten z. B. die Fortsetzung und Vollendung des Pfarrkirchenthurmbaues, der bereits 1518 begonnen und erst 1576 also nach 60 Jahren vollendet wurde.

Aus zerstreuten Blättern lassen wir folgende zwei Vorträge als hier einschlägig folgen:

Im Jahre 1605 bei drohendem Einfall der Türken befiehlt Herzog Philipp Ludwig Musterung und Bereitschaft der in Krieg ziehenden Mannschaft. Dabei liegt auch Beschreibung eines Raiß- oder Rüstwagens.

„Es soll sein ein Wagen mit guten starken Rädern und Leitern, „daran eine starke Sperrkette. An demselben vier gute starke Hengst „oder geschnittene Mönich, zwei hohe Krenzen (Krezen) zwei Truhen „mit Markschloß, eine Winden, eine Zwerchhauen, eine Axt, ein Bi- „del, eine Haue, eine Stech- und Harschaufel, zwei gute starke Lein- „ketten, sechs Sailer, drey wie vordere und drey wie hintere Heu- „sailer, zwei Hellebarden oder zwei gute Schweinspieß, zwei lange „Rohr, so Lunten und Feuerschloß zugleich haben.

1605 wurden 1000 Mann Musketier im Burgauischen gegen die Türken geworben und Herzog Philipp Ludwig mahnt Acht zu geben auf das Thun und Treiben, die Thore ꝛc. fleißig zu verschließen — auch wo von Nöthen, ordentliche Zeichen mit dem Glockenschlag zu geben.

Beginn des dreißigjährigen Krieges.
Die Schweden in Lauingen 1632—1634.

Wem ist wohl nicht — wenigstens dem Namen nach — jener unselige Krieg bekannt, der dreißig Jahre lang (1618 bis 1648) ja man darf sagen, noch länger auf so verheerende Weise in Deutschland wüthete und einen eigenen Abschnitt in der Geschichte des deutschen Volkes bildet, indem er in vielen Verhältnissen eine andere Gestaltung derselben herbeiführte.

„Wir haben zwar, sagt Hans Adam von Reisach, das Ge- „mälde dieses zerstörendsten aller Kriege nach den Hauptumrissen „von den ersten Schriftstellern der Nation meisterhaft entworfen „in den Händen; allein die kleineren Details fehlen noch von den „meisten Gegenden, weil theils die allgemeine Verwüstung die

„desfallſigen Aktenſtücke ſelten bis zu uns kommen ließ, theils der
„Sturm vorüberziehender Heere keine ſchriftlichen Verhandlungen
„geſtattete, und jeder nur froh ſein durfte, ſein eigenes Leben und
„einen Theil ſeiner Habe retten zu können. Die Zerſtreuung und
„Armuth der Regiſtraturen rührt von dieſer Epoche her. Sie wur-
„den, um ſie vor Brand zu ſichern, geflüchtet, und gingen entweder
„verloren oder kamen nur ſehr verſtümmelt zurück, indem jene,
„denen ſie anvertraut wurden, mit denen, die ſie anvertraut hatten,
„im Laufe des Kriegs dahin ſtarben, und Vergeſſenheit manche
„davon modernd in dumpfen Gewölben deckt.

Auch unſer Archiv läßt in dieſer Beziehung vieles zu wün-
ſchen übrig.

Bevor wir die unſere Gegend zunächſt berührenden Details
anführen, möchten wir, des beſſern Verſtändniſſes halber eine ge-
drängte Ueberſicht der Perſönlichkeiten und Orte, denen in dieſem
blutigen Drama eine Hauptrolle und ein Hauptſchauplatz zuge-
theilt war, vorausſchicken. Die I. Hälfte des 30jährigen Krieges
wurde bekanntlich religiöſer Glaubensdifferenzen wegen geführt;
in der zweiten Hälfte kamen politiſche Beweggründe dazu. Die
katholiſchen Franzoſen ſuchten die Macht Oeſterreichs durch heimliche Mittel zu ſchwächen und ſchickten zuletzt Hilfstruppen, um
den Krieg gegen Oeſterreich zu führen. Katholiken mußten alſo
gegen Katholiken fechten. Die Hauptperſonen und Hauptſchau-
plätze in dem Kriege waren:

Auf proteſtantiſcher Seite: Union.

Churfürſt Friedrich V. von der Pfalz, König von Böhmen, der in der
Schlacht am weißen Berge bei Prag am 8. November 1620 von den
Bayern unter Herzog Maximilian geſchlagen wurde.

Chriſtian IV. König von Dänemark, geſchlagen von Tilly bei Lutter
am Barenberge.

Guſtav Adolph König von Schweden, gelandet in Pommern am 24.
Juni 1630 mit 15,000 Mann, beſiegte in der Schlacht beim Dorfe Brei-
tenfeld unweit Leipzig 7. Septbr. 1631 den in Siegen ergrauten Tilly,
der vier Monate früher das ſchwediſch geſinnte Magdeburg erſtürmt hatte.
Deutſchland ſtand nun den Schweden offen. Während der Belagerung Ingolſtadts wurde dem König bei der Recognoscirung am 20. April
1632 ſein Pferd durch eine Kanonenkugel vom Burgwall aus getödtet —
Dem Thiere wurde die Haut abgezogen, ausgeſtopft und iſt der Schimmel
ſo im Zeughauſe zu Ingolſtadt zu ſehen.

Guſtav Adolph fiel als Sieger in der Schlacht bei Lützen 6. Nov.
1632.

Die Generäle: Bernhard von Sachſen-Weimar, Guſtav von Horn,
Bannier, Torſtenſohn, Königsmark, Wrangel.

Kanzler Axel Oxenſtierna.

Die franzöſiſchen Befehlshaber: Guebriant und Turenne.

Auf katholischer Seite: Liga:

Maximilian, Herzog von Bayern.

Tilly, im Treffen bei Rain am Lechübergang 5. April 1632 verwundet und zu Ingolstadt 20. April 1632 an seinen Wunden gestorben.

General Pappenheim, in der Schlacht bei Lützen, wie Gustav Adolph gefallen.

Wallenstein, ermordet zu Eger 25. Febr. 1634.

Ferdinand II. Kaiser und dessen Sohn Ferdinand III. römischer König, welcher mit General Gallas die Schweden 6. September 1634 bei Nördlingen schlug.

Die kaiserlichen Generale Gallas und Wahl.

Die bayerischen Generale Altringer, Mercy und Werth.

Außer den bereits angeführten Schlachten nennen wir auch die bei Allerheim unweit Wemding 3. Aug. 1645, wo Sieger und Besiegte sich den Sieg zuschrieben.

Außer einzelnen Durchzügen traf im ersten Decennium des Krieges keine besondere Kriegslast das Herzogthum Pfalzneuburg[*]. Das Contingent an Truppen hatte der Herzog Wolfgang Wilhelm seinem Schwager, dem Herzog von Bayern Maximilian gegen Geld zu stellen; ja es scheint, daß Wolfgang Wilhelm sich den ganzen Krieg hindurch neutral zu verhalten gesucht habe. Er hielt sich meistens in Düsseldorf, sein Erbprinz Philipp Wilhelm hingegen in Neuburg auf. Diesem wies der Vater die schwäbischen Aemter zur Hofhaltung an. Wegen der erwähnten Neutralität scheint auch das Herzogthum Pfalzneuburg im Hinblick auf Churbayern ungleich schonender behandelt worden zu sein. Es ligt eine Urkunde aus dem Hauptquartier Moosburg dd. letzten April 1632 vom Schwedenkönig Gustav Adolph vor, worin

---

[*] 1620 standen die Truppen der Liga bei Lauingen und Dillingen, die der Union bei Ulm. Die Truppen hatten in unserer Gegend eine ansteckende Krankheit zurückgelassen. 1619—1623 waren hier Quartiere pfälzischer-Pappenheimischer Reiter (Kürassiere?). Die Pappenheimer Reiter, heißt es, wollten nur mit dem Degen bezahlen, überfielen die Bürger mit bloßen Wehren und Pistolen, so daß diese aus ihren Häusern entlaufen mußten. Den Collegimetzger stachen sie in die Brust unter Todesdrohen. Einen Bürger überritten sie beim Heimgehen auf der Gasse, daß er sterben mußte. Namentlich zeichnete sich ein Cornet durch ein höchst übermüthiges excessives Benehmen aus. Jammer und Klage über herrschende Theuerung und Mangel an Viktualien.

Bezüglich des Cornets und zur Kennzeichnung damaliger Zustände folgendes:

„Dieser Cornet (Fähndrich) heißt es, kam sammt des Rittmeisters „Gemahlin, Freitags Nachts zwischen 8 und 9 Uhr für die Stadt„thore und begerte hinein. Darauf Bürgermeister den Einlaß (Ein„laßthörlein) öffnen ließ; dies wollte jedoch der Cornet nicht, sondern

den sämmtlichen Städten des Herzogthums Pfalzneuburg von Gustav Adolph der besondere Schutz, Schirm, Protektion und Salvaguardia zugesichert wurde.

(Ein spezielles Patent für Lauingen dd. Hauptquartier Biberbach 27. September 1632 wörtlich lautend: „Demnach bei der k. Majestät zu Schweden von Bürgermeister und Rath der Statt Lawingen unterschiedliche gravamina eingebracht worden; darauf Ihre K. Majestät erstes Tages Ordnung stellen werden; also befehlen dieselbe dero Commandanten daselbsten inmittels und bis zu fernerer Verordnung die Aufsicht zu haben damit die Burgerschaft über Gebühr nicht beschwert, sondern so viel an ihme ist, klaglos gestellt werde. (Beschieht Ihr Königl. Majestät ernster Will.) Signatum im k. Hauptquartier ꝛc.

Ein gleiches Befreiungspatent für das Herzogthum Pfalzneuburg vom 15. Juni 1634 von Kaiser Ferdinand dem II. ist uns gleichfalls zu Handen. Diese Befreiungspatente waren — wie es im Sturm und Getümmel des Kriegs nicht anders zu erwarten — meistens nur leere Schutzverschreibungen und die Schweden trieben, wie die kaiserlichen Kriegsvölker Freund und Feind gleiches Unwesen.

Ein Patent ligt vor von Herzog Wolfgang Wilhelm 17. Februar 1635, worin derselbe in Anbetracht, daß in vielen Städten und Märkten die meiste Mannschaft, auch in vielen Dörfern nicht einiger Unterthan mehr zu finden, sondern dieselben wegen so langwieriger continuirlicher Kriegsbeschwerniß mit Weib und Kind in das bittere Elend und außer Lands sich begeben, der

„hat mit großem Ungestümm bei dem Teufel geschworen, daß er zu „dem Einlaß nicht, sondern zu den Thoren wieder hereinfahren wolle, „da sei er hinauskommen, und ob es wohl nie bei der Stadt bräu„chig gewesen, daß man nächtlicher Weile, weil der Einlaß eben da„rum gemacht, ein Hauptthor geöffnet, so hat man doch um besten „Friedswillen, als solches dem Amtsbürgermeister angezeigt worden, „ein Hauptthor öffnen lassen; als sich es aber bei einer halben Stund „verzog, bis man etliche des Raths, weil es in des Bürgermeisters „Macht allein nicht steht, zusammenfordert, hat er indessen vor den „Thoren gräulich getobt und sich vernehmen lassen, daß er, wo man „nicht alsbald aufmachen werde, Lärmen blasen lassen wolle, auch „darauf sein Wach auf den Thoren solches in's Werk zu setzen zuge„schrien. Zum Glück war dieselbe nicht vorhanden, sonst wäre großes „Unglück erfolgt.

„Dieser Cornet hat auch am Samstag darauf, als die Soldaten „mit ihren Bürgern Krakehl angefangen und er Fried machen sollte, „einem des Raths den Degen über den Kopf hauen wollen und sich „dermassen ungestümm, zornig und erbittert gezeigt, daß, wenn man „nicht abermal gewichen wäre und die Gedult zur Hand genommen, „bald ein großer Aufstand erfolgt wäre.

mehrere Theil aber gar vor Hunger jämmerlich sterben und verderben müssen, von den kaiserlichen Generalen Gallas und Wahl Schutzbriefe vor Bedrückung durch die kaiserlichen Völker auswirkte.

Auch Herzog Maximilian von Bayern stellte unterm 28. Dezember 1640 ein Befreiungspatent oder einen Schutzbrief aus. „Seit dem Einfall der Hunnen in Deutschland im 9. Jahr„hundert, sagt ein Schriftsteller, geschahen keine solchen Gräuelthat„ten, herrschte keine solche Noth und solches Elend, wie zu Schwe„denzeiten. Solche böse Dinge, sagt der schwedische General Tor„stensohn selbst, sind seit die Welt steht, nicht verübt worden."

Nachdem, wie erwähnt, in den ersten 10 Jahren des Kriegs unsere Gegend außer Durchzügen keine besondere Kriegslast betroffen, zog sich 1631 das Ungewitter gegen Bayern, als der kaiserliche General Fürstenberg in diesem Jahre Württemberg bezwang, die Liga in Dinkelsbühl ihr Bündniß erneuerte und Tilly die Ansbach'sche Festung Wilzburg einnahm, bis es endlich 1632 im März mit allen Schrecknissen zweier verwüstenden Heere einbrach. Durch die Niederlage Tilly's bei Leipzig, durch die Vereinigung des Schwedenkönigs mit den Mitgliedern der ehemaligen Union und mit allen protestantischen Reichsständen, sowie durch das Vorrücken der Sachsen in Böhmen sah sich der Kaiser gezwungen, zum Commandostab Wallensteins wieder seine Zuflucht zu nehmen. In wenigen Monaten sammelten sich unter der Werbefahne dieses außerordentlichen Mannes Tausende seiner ehemaligen Kriegsleute so daß schon im Februar 1632 ein ansehnliches kaiserliches Heer auf dem Kampfplatze in Böhmen stand.

Unterdessen hatte sich der bei Leipzig geschlagene Tilly nach der Wiedereroberung von Bamberg, wo er den Schweden unter General Horn die erste Niederlage im Krieg mit dem Kaiser beigebracht hatte, gen Bayern zurückgezogen, um den Einfall des Feindes zu verhindern.

Die schwedische Armee hatte von Nürnberg her die Straße über Roth und Weissenburg nach Nördlingen und Donauwörth eingeschlagen. Das Landvolk seit mehr als 100 Jahren an friedliche Ruhe gewöhnt, ergriff ein panischer Schrecken; Alles flüchtete mit seiner Habe in die Städte und erwartete in banger Verwirrung den Tod von einem Feinde, den der Ruf als eine Zwitterart von Mensch und Teufel, dem stets Feuer und Dampf aus dem Rachen sprühe und der das Kind im Mutterleib nicht schonen würde, abgemalt hatte. Sonderbar genug, daß das in unsern Gegenden damals noch unbekannte Tabakrauchen dem Märchen einen Anstrich von Wahrheit lieh und der erschrockene Bauer vor solch einem dampfenden Schweden sich daher angstvoll bekreuzte. Der Soldat hauste desto grausamer in den verlassenen Ortschaften, wo sich für ihn weder Proviant, noch Fourage für sein Pferd vorfand. Die Häuser wurden niedergerissen und abgebrannt und die wenigen zurückgebliebenen Einwohner vollends vertrieben.

Tilly hatte bei seinem Rückzuge nach Bayern den Herzog Rudolph Maximilian von Sachsenlauenburg mit kroneburgschen Kürassieren und 8 Compagnien in Donauwörth zur Besatzung gelassen.

Diese Besatzung wurde aber von den nachrückenden Schweden, welche am 27. Mai Donauwörth mit Sturm genommen, vertrieben und was zurückgeblieben, zusammengehauen, die Stadt geplündert, gebrandschatzt und arge Gräuel verübt.

In einem verschanzten Lager zwischen Rain und Thierhaupten erwartete Tilly die schwedische Armee. Hier erzwang sich Gustav Adolph den Uebergang über den Lech. Beide Theile kämpften mit der größten Erbitterung. Tilly selbst ergriff die Fahne eines Regiments, welches weichen wollte und führte es abermals in den Kampf. Da zerschmetterte ihm eine feindliche Falkonetkugel den rechten Schenkel, so daß er vom Kampfe hinweggetragen werden mußte. (Am 30. April starb er in Ingolstadt an seinen Wunden.) Die bayerische Armee mußte weichen und zog sich am 16. April nach Ingolstadt zurück.

Schon während der Belagerung Donauwörths am Ende März 1632 suchten schwedische Streifscorps die an der Donau gelegenen Städte Höchstädt, Dillingen, Lauingen 2c. und die umliegenden Dörfer heim und plünderten sie zum Theil aus.

Die Stadt Lauingen hätte nun allerdings als geschlossener und befestigter Ort den anrückenden Schweden einigen Widerstand leisten können, allein die trotz der äußerlichen Rückkehr zum Katholicismus noch gut lutherisch gesinnten Einwohner öffneten am 9. April 1632 dem unter dem Commando des Major Paul Schell Einlaß begehrenden schwedischen Corps bereitwilligst die Thore. Nur der katholische Pfarrer Galgenmüller hatte Vieles zu leiden, (siehe S. 163 und 164). Dagegen scheinen die Bürger sich so ziemlich gut mit den Schweden vertragen zu haben, in denen sie im Grunde ja ihre Glaubensgenossen bewillkommten, so daß während des zweijährigen Verweilens der Schweden dahier der lutherische Cultus neu florirte.

Bei diesen Verhältnissen scheinen außer der drückenden Last der Quartire, der Lieferungen an Geld, Proviant und Fourage, der Schanzarbeiten und Wachen, worüber viele **gravamina** vorliegen, die Bürger keine besondern Unbilden von den Schweden erlitten zu haben, wie dies anderwärts in solchem Grade und Maaße der Fall war, daß der Schrecken dieses Namens noch lange im deutschen Volke fortlebte.

Ihr Aufenthalt dahier dauerte bis zum Septbr. 1634 also über 2 Jahre; denn nach der für die Schweden unglücklichen Schlacht bei Nördlingen am 6. September 1634 zogen, wie schon an anderer Stelle gesagt, die Schweden von hier ab.*)

In Lauingen war, wie gleichfalls an anderer Stelle schon erwähnt, der Sitz der schwedischen Regierung über die Landschaft an der obern Donau und der schwedische Statthalter Herr von Oste führte den Titel: Praefectus provinciae Danubii superioris (Statthalter der obern Donaulandschaft). Die Schweden erhoben hier nicht nur den Zoll, sondern auch das Umgeld von Bier und Wein.

Es finden sich nur spärliche Nachrichten über den Aufenthalt der Schweden von 1632—1634 und nur aus den Rathsprotokollen läßt sich einiges entnehmen. Bei Erledigung der Syndicus- und Stadtschreiberstelle im Dezember 1632 befand sich unter den Competenten um diese Stelle auch ein Hieronymus Voll, der k. Majestät von Schweden Proviantmeister, welcher auch wirklich das Glück hatte und die Braut heimführte. Derselbe wurde vielfach in Kriegs- und Quartierangelegenheiten als Deputirter in verschiedene Hauptquartiere abgeordnet, so z. B. an den Generalmajor Corvill nach Donauwörth, als die unter dem schwedischen Rittmeister von Carben in Veit- und Frauenriedhausen einquartierten Reiter die Bauern verjagten, das eingeheimste Getreide ausbroschen, verkauften, die Leute vor der Stadt im Felde wegführten, eine Heerde Schafe und Schweine abnahmen und die Beute unter sich theilten.

Stadtschreiber erwirkte auch bei General Corvill, daß Carben mit seinen Reitern nach Amerdingen und Diemautstein verlegt wurde.

Ferner finden wir den Stadtschreiber Hieronymus Voll auf einer Reise in das Hauptquartier des Herzogs Bernhard von Sachsenweimar zu Zell wegen Erlangung von Quartiererleichterung des hier liegenden Oberst Roß'schen Regiments, desgleichen nach Ulm, Augsburg, Günzburg, ebenso nach Frankfurt zum

---

*) 1634, kurz vor der Schlacht bei Nördlingen, heißt es an einer Stelle, wurde die Stadt durch die Bayern eingenommen und besetzt? Einige Zeit vorher waren alle Geistliche aus den Ruralkapiteln Donauwörth, Höchstädt und Lauingen vertrieben und die pfarrlichen Register durch die Schweden zerstreut worden.

schwedischen Reichskanzler Oxenstierna. Letztere Sendung geschah am 22. April 1634 nach Frankfurt, wo er mit dem ihn begleitenden Metzgerkerzenmeister Herbegen über einen Monat verweilte. Hier scheint dem Rathe die vorgelegte Rechnung über Reisekosten zu hoch gewesen zu sein, so daß langwierige Differenzen entstanden, worüber ein eigener Akt:
„Praetensiones Hr Hieronymus Voll gewesenen Stadtschrei„bers zu Lauingen an gemeine Stadt allhie wegen seiner
„Abschickung in den Kriegszeiten nach Frankfurt 1636.
im Archive.

Unter andern pumpten die beiden Abgeordneten bei dem damals in Frankfurt in Condition gestandenen Apothekergehilfen Senft (wahrscheinlich Sohn des Bürgermeisters Senft) 200 fl. und leistete dieser Senft bei Gastwirth Maß in Frankfurt für die beiden Deputirten Bürgschaft, indem derselbe auch seine testimonia (Zeugnisse) zur Bürgschaft hinterlegte.

Stadtschreiber Voll bestand übigens fest auf seinen Forderungen und berief sich namentlich auf seine mühsamen gefahrvollen Ritte, und wie er oft Leib und Leben gewagt. Mit den Schweden scheint im September 1634 Voll auch mit fortgezogen zu sein.

Bürgermeister Christoph Senft dahier schreibt unterm 7. September 1634 also einen Tag nach der Schlacht von Nördlingen an den ehrnfesten, fürnehmen Herrn Hieronymus Voll, Stadtschreiber zu Lauingen, anjetzt in Ulm, meinem günstigen Herrn zu Handen wörtlich:

Salutem

Ernvöster fürnemer Herr Stattschreiber!

Verschinen Montag um 10 Uhr in der Nacht hat Herr Oberst von Schlammerstorf sein Urlaub und Abschied genommen, die Stattschlüssel auf ½ Meilen mit sich zu nehmen und wieder zurück zu schicken begert, welche noch auffen seindt; was damit gemeint, weiß ich nit, wollen aber noch verhoffen, er werde solche mit Gelegenheit überschicken, welches der Herr bei ihm oder dem Major anbringen kann und soll. Aftermontags Morgens um 3 Uhr ist Herr Pfleger, Bürgermeister Brotreis, Falt und andere zum croatischen Obristen Ludwig, welcher uns allen wohlbekannt gar ein gelinder ceremonialischer Mann, teutscher Kleidung nach alter Gewohnheit von Jhnen wohl empfangen, guten Bescheid erlangt, mit Jhme in die Stadt zur Kanten geritten, allda sich wenig stund enthalten, mit freundlichem Urlaub über Thonau über sich geritten und obwohl die Schweden die Pruck mit einem Joch abgeworfen hinterlassen, hat man doch in 1 Stund daselbig wieder reparirt.

Nachmittag seindt die Königlichen und bald darauf der König*) selbsten kommen mit vielem Volk und sein Einkehr bei Dr. Hebich ge-

nommen, über Nacht verblieben, morgens zu 8 Uhr in die Kirchen geritten, Meß gehört und von bannen gleich zum Thor aus sein Marsch nach Oberstoßingen genommen, wie auch sein Volk. Was für ein Unrueh gewesen, ist nit zu erzählen.
Der Herr woll doch daran sein, damit mein Döchterlein mög sicher heimbkommen. Heunt Sonntag ist wieder der Gottesdienst durch Dr. Beßl gehalten worden. Ob der Herr, ich oder andere zu Lauingen zu verbleiben haben. weiß ich nicht: der Herr mag nun thun, wie er will; Gott mit uns   Lauingen 7. September 1634.

Christoph Senft
Consul.

NB. Es ist allhier still; die Burgerschaft wacht und schanzt nicht mehr. Man hat ihr Ober= und Unterwehr genommen und aufs Rathhaus gelegt.
Nachschrift. In der Kirchen haben die Unsern bei dem König Audienz gehabt. M. Forster (protestantischer Geistlicher) sollt bei seiner Kirchen blieben seyn.

Was wir über den Aufenthalt der Schweden dahier in Schriften gefunden haben, lassen wir in Auszügen aus den Rathsprotokollen, Rechnungen ꝛc. folgen:

1632.   Oberst (Taupadel?) war einquartiert bei Bernhard Falk zur Kanne.
Oberstlieutenant in der Krone.
Capitän Pickart und Andrae in der „blauen Glocke."
Als Quartiergeber kommen namentlich auch vor: die drei Bürgermeister Brotreis, Segenschmid, Senft, Herr Adlgais, Herr Apotheker Zitter und Seyfried, Hr. Dr. Hebich.
1632. 22. May habe ich Johannes Diepold dem Herrn Obristwachtmeister durch Herrn Lieutenant ein Pferd zu kaufen geben um 63 fl.
1633.   schreibt der schwedische Statthalter von Oste an Bürger, meister und Rath und begert 6 Roß, 1 Wagen und 2 Fuhrknecht zur Heimschickung seiner Sachen nach Erfurt mit der Zusage, daß er besagte Roß ꝛc. wieder zurückliefern will.

---

*) Unter dem König ist wohl Ferdinand III., des Kaisers Ferdinand II. Sohn, welcher statt des zu Eger am 25. Febr. 1634 ermordeten Wallenstein den Oberbefehl über das kaiserliche Heer erhalten und in der Schlacht bei Nördlingen die Schweden geschlagen hatte, gemeint.

Christoph Valentin Stoll schwedischer Capitän im Wurmbrandtschen Regiment sucht für sich und Herrn Oberst Wurmbrandt beim Bürgermeister und Rath um das wöchentliche Contributionsgeld an.

29. Januar 1633. General Bannier verlangt in einem Schreiben Postrosse. (Metzger und Wirthe hatten nach altem Herkommen solche zu stellen und auch die Verpflichtung des Postreitens selbst.)

5. Februar 1633 läßt General Bannier seine Ankunft ankündigen und 20 Roß zur convoi begehren, worauf Herr Bürgermeister und Rath alsbald 20 Roß bei der Bürgerschaft verordnet, benebens bei Kannenwirth Falk das Quartier bestellt und ein Faß Wein einhändigen lassen.

22. Mai 1633. General Horn schreibt an den Rath wegen Lieferung von 100 Malter Korn zur Armee nach Donauwörth, was jedoch der Magistrat wegen starker Garnisonslast nicht präftiren zu können erwiedert und um Schonung bat.

Von diesem Gustav Horn liegen viele Schreiben an den Rath hier vor.

(1633 zog der schwedische General Horn mit 25,000 Mann hier durch und ließ als Commandanten des Platzes den Oberst Wurmbrand hier. Während kaiserliche und spanische Soldaten im Anfang des Jahres 1634 von Schongau bis Vilshofen in Winterquartieren lagen, hatte ein Theil der schwedischen Armee unter Marschall Horn zwischen Ulm und Donauwörth mit dem Hauptquartier in Lauingen gelagert.)

17. August 1633 wurde in der Rathssitzung beschlossen, die Bartholomämeß, weil so viel Kriegsvolk zur Stell sei, abzubestellen, und deshalb nach Ulm, Augsburg, Nördlingen und Giengen zu schreiben.

11. September 1633. Herzog Bernhard von Weimar abordnet seinen Quartiermeister, daß Seine Fürstliche Durchlaucht heut von Donauwörth mit der ganzen Armee allher marschieren und hier in der Stadt Quartier nehmen werde, worauf sogleich Vorkehrung getroffen, benebens zur Empfahung und Präsentirung 2 Faß Wein für Ihre fürstl. Durchlaucht gekauft wurden. Nach beschehener Verehrung haben Ihr Durchlaucht sich gnädigst resolvirt, daß die Stadt so viel möglich mit Quartier verschont werde.

20. September. Dessen ungeachtet wurden aber Oberst Roß mit 300 Pferd und 800 Mann zu Fuß in der Stadt einquar-

tirt, wo bereits Wurmbrandt mit seiner Mannschaft war, so daß 2000 Mann zusammen hier lagen.

Es wurde deshalb Stadtschreiber zur Armee nach Zell in Württemberg abgesendet, worauf Herr Herzog Bernhard Vertröstungsschreiben mitgab, da es zur Zeit eingetretener Hindernisse wegen unmöglich sei, die Mannschaft von hier zu verlegen, empfahl dem Oberst Roß ernstlich gute Disciplin zu halten, verordnete zugleich, daß General-Commissär von Ofenburg aus den nächstgelegenen Städten und Dörfern Proviant ins Magazin führen lasse.

15. Oktober 1633 referirt Stadtschreiber über seine Sendung zu Herzog Bernhard von Sachsen in Ulm, der nach Lauingen zu kommen versprach. Am 16. passirte auch der Herzog mit der Armee durch die Stadt, nachdem er die Beschwerden der Bürgerschaft entgegen genommen und Abhilfe zugesagt hatte.

15. Oktober 1633 bittet der Magistrat in einem Memoriale bringend um Abhilfe der drückenden Quartierlast, Tribulationen unter dem Commandanten Wurmbrand. Das Spital und Bruckhaus, heißt es darin, waren sonst als Stift jedesmal von Quartierlasten befreit, diesmal aber hart mitgenommen.

Oktober 1633. Bürgermeister und Rath haben zu Empfahung und Präsentirung Ihrer Excellenz Herrn Reichskanzler Oxenstierna Sohn, der bei Oberst Wurmbrand dahier logiert, 20 Kannen Wein und in die Kuchen 2 Lemmer sammt einem Paar Karpfen Herrn Bürgermeister Senft und David Martin des Raths verordnet, dieweil aber dieß für Herrn Obristen Wurmbrand zu wenig, und ein Faß Wein sammt der Küchen-Notturft zu präsentiren begert worden, welche Präsentirung durch den eben von einer Sendung nach Frankfurt zurückgekehrten Stadtschreiber (Voll) geschehen, worauf sich der junge Herr Oxenstierna des Präsents bedankt, auch erboten, solches seinem Herrn Vater zu rühmen und ihm der Stadt Anliegenheit zu empfehlen versprochen.

1634. Am Anfang des Jahres 1634 war der sämmtliche Rath bei Herrn Oberst Wurmbrand zu Gaste geladen. Herr Oberst zeigte sich, heißt es, sehr gnädig und freundlich und man verehrte 12 fl. in die Küche und den Aufwärtern.

Herr Georg Valentin Stahl (Schell?) schwedischer Major läßt durch Schreiben einen ehrsamen Rath zu seiner angestellten Hochzeit mit Elisabetha — Herrn Wenzls

Braitschopfen — hinterlassener Frau Wittib einladen und berufen, hierauf Bürgermeister und Rath Herrn Bürgermeister Senft und Stadtschreiber mit einem geschmelzten Mohrenkopf bei 20 Thaler Werth zur Hochzeit zu erscheinen und zu präsentieren verordnet und abgesandt.

Ein schwedischer Soldat bittet um den Ehelichungsconsens mit einer Metzgerstochter.

Stadtschreiber und Rath Brentel wurden in Kriegsangelegenheiten (Kriegslastenminderung) nach Frankfurt zum schwedischen Reichskanzler Oxenstierna abgeordnet. Brentel erkrankte des Reitens ungewohnt und mußte in Mergenthal krank zurückbleiben.

Manche Schweden mögen auch hier den ewigen Schlaf schlafen. Die von den Augustinern verlassene Kirche diente als Garnisonskirche der Schweden und wurde, wie es scheint, auch als Ruhestätte hier verstorbener Schweden — wenigstens der Höhergestellten gewählt: In der Augustinerklosterchronik lesen wir neben andern Begräbnissen schwedischer Soldaten:

1632. Auf der rechten Seite des Chores war das Grabdenkmal eines schwedischen Soldaten an die Wand gemalt, welcher ein Schwert, und sclopetum (Flinte) führt, mit der Inschrift:

„Hier ligt begraben der edel Klaus grönnenberger, Corporal „Herrn Klaus Christianson . . . zu Amünd — Ihrer Ma-„stät zu Schweden bestellter Oberst zu Roß. 1632.

Auch zur Zeit des zweitmaligen Verweilens der Schweden im Jahre 1646 erwähnt die Klosterchronik neben andern Begräbnissen von schwedischen Soldaten eines Gedenksteines:

„1646. 26. September ist der wohledel gestrenge, feste und „mannhafte Herr Johann Schmidt von Danzig bürtig Ihrer „Königlichen Majestät von Schweden unter dem alten blauen Re-„giment bestellter Capitän und Ingenieur bei der kgl. schwedischen „Hauptarmee vor Augsburg erschossen seines Alters 29 Jahr und „den 12. Oktober zu Lauingen christlich zur Erde bestattet worden, „dessen Seel Gott gnädig sein wolle.

superne a pariete dependebant duo vexilla unum nigrum omnino, alterum ejusdem in scriptionis ut in lapide cum corde alato et gladio.

(„1640 wurde in der Augustinerkirche begraben Herr Jakob „Rosenberger, weiland der römisch kaiserlichen Majestät, auch chur-„fürstlichen Durchlaucht in Bayern wohlbestellter Obrist, starb den „2. Januar 1640. Seines Alters 44 Jahr.)

Rechnung der Stadt Laugingen an der Thonau über alle Ausgaben und Auslagen auf das K. schwedische Militär. 9. April 1632 — 3. Juni 1633.

Herrn Obristen Taupadl an Geld und Wein verehrt	210 fl.
Item der Frau Obristin Taupadel an Lehnung und Zehrung bezahlt	1714 „
Herrn Major Paul Schell für 26 Wochen Löhnung bezahlt, jede 50 Thaler	1950 „
Mehr an Geld und Silbergeschirr verehrt	795 „
U. s. fort an Löhnungen und Verehrungen durch alle Chargen hinab	
item Herrn Oberstlieutenant Wohl wegen der Fortifikation ein goldnen Pokal verehrt	99 „
Johann Faulhaber Ingenieur von Ulm für seine Mühewaltung	175 „
Herrn Oberst Wurmbrandt 24 Wochen — jede 50 Reichsthaler	1800 „
Herrn Obersten Winkel Rekrutengeld	2900 „
Herrn Capitän Schlammersdorf	154 „
Mehr haben die Laugingischen Unterthanen und Hintersaßen in beiden Dörfern Veit- und Frauenriedhausen auf das Plauen- oder Winkelsche Regiment ꝛc. verwendt	2083 „
Die Quartiergelder bei der Bürgerschaft auf 64 Wochen lang auf's genaueste gerechnet thut	30,000 „
Durchzüge	3000 „
Mehr ist in während der Zeit an Proviant nach Donauwörth geführt und als eine ganze Armee allhier durchmarschirt, in das Lager vor der Stadt ꝛc. geliefert worden	1941 „
Brandschatzung bezalt	1500 „
Item belauft sich der Fortifikationsbaukosten der Stadt und was gütern für Schaden geschehen auf's genaueste angeschlagen	55,000 „
Holz zu den Schanzen	1000 „
Mehr sind 400 Stück Rindvieh in der Weid allhie durch etlich Reiter hinweggetrieben worden	2400 „
Item als der Herzog Bernhard Weimar sammt dem Rheingrafen, als Herr Feldmarschall Horn, als andere viele Officiere und Soldaten mehr allhie etlich Tag logirt, ist Unkostenaufgangen	200 „
Für Schiff und Fuhrlohn zu Abführung Proviants nach Donauwörth	200 „

Mehr durch die Soldaten dem Spital, Bruckhaus
und der Bürgerschaft weggenommene Roß —
ringest angeschlagen . . . . 1800 fl
Mehr der Stadt Lauingen zugehörige 3 Dörfer St.
Veit - Frauenriedhausen und Hausen, so alle
ausgeplündert worden, den Schaden angeschlagen 3000 „.
Mehr für Herzog Bernhards zu Weimar Hofhaltung
nach Gundelfingen führen müssen 1 Faß Wein,
1 Faß Bier 2c. . . . . 84 „
Kommen verschiedene Verehrungen an Wein, Bier,
Kälbern 2c. vor und belauft sich die Rechnung,
wovon oben nur die Hauptposten ausgesetzt sind
in Summa auf . . . . 124,457 fl. 36.

Signatum Lauingen 3. Juni 1633.

Vorwürfige Rechnung erstreckt sich, wie ersichtlich, nur auf etwas über ein Jahr 1632 — 1633; nicht geringer mag die von 1633 bis September 1634 gewesen sein.

Nach dem Abzug der Schweden bis zum Schlusse des dreißigjährigen Krieges.

Nach dem Abzuge der Schweden im September 1634 rückten kaiserliche Völker ein. Es liegen Rechnungen vor über Contributionen an kaiserliche Kriegsofficiere 2c. 1634 und 1635 im Betrage von 6793 fl., so z. B.:

15. September 1634. Dem neuen Commandanten Valentin Hektor von den Dragonern Löhnung 50 fl. wöchentlich.

Herr Obristwachtmeister begehrt 60 Reichsthaler an Geld wöchentlich, 2 Eimer Wein, Specerei und Futterage die Notturst, für 2 Tag Fisch und wöchentlich 7/4 Zentner Fleisch. Hierauf ist mit dem Obristwachtmeister auf 50 Reichsthaler abgehandelt worden und hat man ihm ein Faß Wein zu verehren versprochen, hat aber hernach noch jederzeit Gewürz und andere Servis begert, daher Oberstwachtmeister Fra Cosmo Bracciolini unter dem Holzschen Regiment jede Woche 75 fl. bis 100 fl. erhielt.

15. Dezember 1634 wurden dem Mathes Flemisch von Echenbronn für Fisch zu Ihrer k. Majestät (Ferdinand III. König von Ungarn) Tafel 3 fl. bezahlt.

23. April 1635 einem Jesuiten von Dillingen, welcher allhier Beicht gesessen 4 fl.

3. Mai 1635. Dem Metzger Jerglen, so mit Schreiben

wegen Herrn Stadtschreibers Wiesers sel. Entleibung in das Würtembergerland verschickt worden, Zehrung geben 5 fl. 30 kr.
3. Juli 1635. Herrn Tänzel von Tratzberg und Herrn Bernhard Falken (Kannenwirth), als sie zu ihrer k. Majestät verschickt worden, zur Zehrung 100 fl.

Die Jahre 1634 und 1635 sind voll von Jammerberichten über Noth und Elend, Klagen über Schanzarbeiten, Beifuhr von Pallisaden aus den umgelegenen Dörfern. Viel vertriebenes Bauerngesind lief mit Weib und Kindern der Stadt zu, um Unterhalt zu suchen.

Hunger und Krankheiten wütheten mehr, als je. Nach einem Rathsprotokolle von 1635 war eine so große Noth, daß an etlichen Orten Menschen einander selbst aufzehrten, was, wie es heißt, erschrecklich zu hören. Wegen Mangel an Geld konnte im Jahre 1635 der Rheinische Gulden aus der Herzoggeorgstiftungs-Kasse nicht ausbezahlt werden.

Herr Bürgermeister Senft beklagt sich bei der Rathswahl 1635 bitter über die Mühseligkeiten seiner Regierung.

31. August 1635 ist der gesammten Judenschaft auferlegt und angezeigt worden, sich unweigerlich innerhalb 8 Tag aus der Stadt zu machen.

In diesem Kriege, heißt es an einer Stelle, wurde nur mehr schlechtes Geld in Umlauf gesetzt. Da trieben die Juden und Wucherer mit der armen Menschheit ihr unbarmherzig Spiel (man nannte sie auch die Kipper- und Wipperzeit) und erkünstelten eine Theuerung der nothwendigsten Lebensbedürfnisse, welche Mangel und Noth und mit ihnen epidemische und pestartige Krankheiten erzeugte.

Als man 1635 eine Beschreibung der Leute in dem Lande vornahm, wurde man gewahr, daß sehr viele Unterthanen verdorben und gestorben, sehr viele gar davon gezogen und die annoch vorhanden, sich mit wildem Obst und verrecktem Pferdefleisch nähren mußten; in einigen Dörfern war kaum der zehnte Theil der Menschen von voriger Zahl vorhanden, manche ganz von Menschen verlassen.

Manche verlassene Bauerngüter und zwar die größten wurden um 200—300 fl. erkauft; ein Jauchert Acker um 5, 8, und 12 fl., ein Tagwerk Wiesen um 4, 6, 8 und 10 fl., eine Söldbehausung und Zugehör um 12, 20 und 30 fl., ja wohl ein und andersmal um einen Laib Brod.

1636 bis 1646, d. i. bis zur Wiedereinnahme der Stadt durch die alliirten Franzosen und Schweden gehen die Einquartirungen und Contributionen der kaiserlichen Völker fort und das

Archiv enthält ganze Stöße von Quartier- und Contributions-Registern, namentlich sind die Lieferungen an Futterage (Haber-lieferungen) für die Reiterei enorm gewesen. Bei Anfertigung dieser massenhaften Register hat insbesondere der Handschrift nach ein „Johann Mayr, Hutschmucker," wie seine Unterschrift besagt, großen Eifer und große Ausdauer entwickelt, da fast alle Abrechnungen von ihm gestellt sind.

1636 finden wir in den Verzeichnissen einen Oberst Schöneck.

1638. Bayrischer Kriegsvölker Contribution und Einquartirung. Graf Wahl'sches, Metternich'sches, Meising'sches Regiment, Oberstwachtmeister Winterscheid. Preising'sche, Wahl'sche und Pappenheim'sche Officiere.

Es liegt specificirte Rechnung vor, was das Metternich'sche Kriegsvolk vom 10. April — 17. Juni 1638 an Unkosten gestanden und in Lauingen aufgangen. Summa 7215 fl. 57 kr.

Bei dem Metternich'schen Corps war Commandant Oberstlieutenant Penzenau, Obristwachtmeister (Major) Graf Franz Fugger.

1639. Haberlieferungen an die Horst'schen Reutter, Haslang'sche, Hundelsteinsche und Edelstettische Officiere.

Nachdem die Haslangschen abgezogen, rückten am 6. Febr. 1639 Pappenheim'sche ein.

Von Generalfeldzeugmeister Franz Freiherr v. Merci liegen Schreiben wegen Verlegung von Kriegsvolk hieher aus dem Hauptquartier Reutlingen da.

In der Contributionsrechnung 1639 kommen Einnahmen im Betrage von 12,584 fl. 39 kr., Ausgaben 11,790 fl. vor.

In einer Vorstellung vom 4. Mai 1639 an den in Düsseldorf weilenden Herzog Wolfgang Wilhelm jammert der Rath über die seit so vielen Jahren unausgesetzt getragenen schweren Kriegslasten „daß das Elend einen Stein, geschweige denn ein christliches Herz erbarmen müsse, die Bürgerschaft sei bis auf den Grund ausgemergelt, es wäre kein Wunder, wenn alle Unterthanen, so zum Theil geschehen, von Haus und Hof geloffen.

Eine Designation über die seit dem unglücklichen Rheinfeldschen Treffen im März 1638 erloffenen Kosten der churbayrischen Soldateska specificirt folgendes:

Erstlich auf das vom 10. April — 17. Juny 1638 hier gelegene Metternich'sche Volk   7215 fl.

Kosten auf die Wahl'schen und Pappenheim'schen Völker (Hier ist auch die Frau Gemahlin des Generals de Wörth genannt).   11,132 fl

An den Neuneck'schen Herrn Obristwachtmeister

Johann von Winterscheid in 8 Wochen allher vor die Stadt hinaus an Proviant, Fourage und Baargeld, dann seinen Officieren und Dienern . . . . 1189 fl.
Auf die vor der Stadt gelegenen Horstischen Reiter   1500 „
Auswärtige Lieferungen zur Armee   2560 „
Haslang'sche und Hundelsteinsche Soldateska   7670 „
Servis   2135 „
Für glatt- und rauh Futter   720 „
Postgelder und Botenlöhne   300 „
―――――
34,421 fl.

Die wöchentlich — von Haus zu Haus erhobenen Contributionen vom 6. Mai bis Ende August 1638 durch 16 Wochen entziffern:

Einnahmen   10,817 fl. 3 kr.
Ausgaben   10,802 fl. 11 kr.

In den Lieferungen an das vor der Stadt gelegene Horstische Regiment kommt das Schweinfleisch im Ansatz zu 5½ kr. das ℔, das ℔ Brod zu 2 kr. vor.

Die Contributionsregister bilden ganze Folianten.

Eines Vorfalls vom Jahre 1637 können wir nicht umhin, specielle Erwähnung zu thun, indem wir vorausschicken, daß, wie eben erwähnt, das Herzogthum Neuburg, also damit auch Lauingen ein kaiserliches Befreiungspatent von Quartierlasten hatte, so daß die Stadt mit Winterquartier nicht belegt werden sollte.

Am 28. Januar 1637 wollte Oberst Brisigel unter dem Commando des k. k. Feldmarschall Gallas hier mit seinem Regiment Winterquartier beziehen und schickte daher seinen Oberstlieutenant Adam Niklas Frhr. v. Stoß als Quartiermacher hieher. Der Rath aber weigerte sich unter Bezugnahme auf das k. k. Befreiungspatent dessen, schickte jedoch inzwischen den Leonhard Falk (Rathsherrn und Gastgeber zur Kanne) mit Schreiben an den in Neuburg weilenden Churfürsten und den Statthalter Frhr. v. Spiringl nach Regensburg an General Gallas zur Erholung von speciellen Befreiungspatenten.

Während dessen marschirte Oberst Brisigel mit 3 Compagnien sammt dem Stab nach Gundelfingen und bezog in der Vorstadt Quartiere, 2 weitere Compagnien zogen nach Dillingen und bemächtigten sich der Stadt par force, wie die obigen 3 auch nachher gewaltsam in die Stadt Gundelfingen eindrangen. Andern Tags – Dienstag – kam Oberst Brisigel selbst mit einigen Reitern vor die Stadt Lauingen und begerte Einlaß, der ihm jedoch verweigert wurde; dagegen ließ man seinen hier im Gasthof zum goldnen Rössel noch weilenden Oberstlieutenant zu ihm vor das Thor an das kleine Einlaßthörlein, mit dem er, wie es heißt, eine gute Zeit durch ein Loch an dem Thörlein geredt. Sofort begehrte er einige Abgeordnete vor die Stadt hinaus. Der Stadtvogt, Bürgermeister,

Stadtschreiber und die Salvaguardia Heinrich sammt dem Herrn Oberstlieutenant gingen hinaus, um des Oberst Begehren anzuhören. Dieser äußerte sich anfangs scharf darüber, daß man so indiskret sei und ihn nicht einmal in die Stadt lasse, sondern so spöttisch durch ein Loch in dem Thörlein mit ihm rede, er bestehe auf dem Einlaß in die Stadt, und beschehe es wie es könne, er verwahre sich vor den allenfallsigen üblen Folgen bei längerer Renitenz. Der Rath dagegen beharrte ebenfalls auf seinem Befreiungspatent, worauf der Oberst mit dem Oberstlieutenant fort- und Gundelfingen zu ritt. Abends begehrte Herr Oberst einen des Raths nach Gundelfingen, wozu Stadtschreiber und Herr Johann Schreiner des Raths abgeordnet wurden, die er anfangs mit scharfen Worten empfing und wiederholt ernstlich zu Rede stellte, wie lang man in Lauingen noch Aufschub mit dem Quartier mache. Tags darauf fuhren Stadtvogt, Bürgermeister Brotreis, Stadtschreiber Rabig und Herr Schreiner des Raths wieder nach Gundelfingen und meldeten, daß man stündlich Resolution von Regensburg wegen des Befreiungspatents erwarte, dessen Eintreffen man Herrn Oberst sogleich anzeigen werde, dagegen hat man der Stadt Gundelfingen nachbarlich zu Hilf mit Bier, Brod, Wein, Fleisch und andern Lebensmitteln gethan.

Mittwoch und Donnerstag blieb alles still, man hat aber Tag und Nacht unausgesetzt stark und fleißig gewacht.

Freitag den 6. Nachmittag kommt Herr Dölle mit der ersten Ordonnanz von Regensburg, welche sogleich durch Bürgermeister und Stadtschreiber nach Gundelfingen überbracht wurde. Lauingen anlangend, erbot sich der Oberst auch gleich zu pariren.

Am Samstag den 7. kommt Herr Falk von Regensburg mit der andern Generalordre des völligen Aufbruchs, was sogleich dem H. Oberstlieutenant mitgetheilt worden, worauf das Regiment völlig aufgebrochen, seinen Zug gen Stuttgart genommen und also. Gott sei gedankt, die Stadt Lauingen dießmal vor diesem großen Unheil und Gefahr behütet und erlediget worden. Soli deo gloria, schließt Stadtschreiber Rabig. Lauingen am 10. Februar 1637.

Das Befreiungspatent lautete:

Der k. k. Majestät Kämmerer und bestellten Obristen von Brisigel wird hiemit angefügt, daß er bis auf fernere ihm zukommende Ordonnanz sich der Stadt Lauingen enthalten und mit den übrigen ihm assignirten Quartieren betragen soll.

Signatum Regensburg 3. Februar 1637.

Graf Gallas.

Während der vorgeführte Vorfall eine erfreuliche Episode im Kriegstheater zunächst für die Stadt gewährt, beginnen 1638 die Klagen über Kriegslasten von Neuem, wie oben gesagt.

Vom Jahre 1639 lesen wir anderwärts an einer Stelle, „die Bauern stecken aus Uebermaaß und Verzweiflung im Sommer ihre Wiesen und Aecker in Brand, das Feuer verbreitet sich über die nächstanliegenden Holzungen und man kann mit genauer

Noth und nur durch die schärfsten Befehle und Vorkehrungen dem Uebel Einhalt thun.

1640 Weitläufige Contributionsregister für die Wahl'schen Kriegsvölker.

1640—1641. Waren Reiter von dem bayerschen von Kolb'schen Kürassierregiment hier in Winterquartier.

1641. Contributionsanlagen Kolb'scher Kürassiere, Haberlieferungen für die Kolb'schen, Werttl'schen, Neuneck'schen und Löwensteinischen Reiter.

1641—1644. Contributionsanlagen auf die Lapierr'schen, Löwenstein'schen, Holz'schen, Edelstett'schen Völker.

1642. Löwensteinischer Kürassiere Quartier. Die Löwensteinischen Quartiere dauerten vom 16. Februar — 2. Juli 1642, indem Oberst Löwenstein erst am letzten Tage die Stadt verließ. An Reichscontributionsquoten hat die Stadt Lauingen 1642 die Summe von 6452 fl. 3 kr. geleistet.

1643. Quartier und Contribution des Holz'schen und Edelstett'schen Regiments.

Haberrechnung Holzischer, Edelstettischer, Wahl'scher Officiere, Wolfischer Dragoner.

1644. 1645. Lapierre'sche Contribution und Quartiere.

1644. 1645. 1646. Königlich schwedische und französische Contributionssteuer, Quartiere und Durchmärsche.

1645 vom 4. August — 5. September waren hier unmittelbar aufeinander 3 Regimenter, nämlich das Kreuzische, Gültenhaffische und Royische Regiment im Quartier und wurden auf einen Gemeinen täglich 1½ ℔ Brod zu 1 kr.,
1 ℔ Fleisch zu 3 kr.,
1 Maß Bier zu 2 kr.
angeschlagen — gerechnet.

Einem Unterofficier   2-mal so viel,
  „   Cornet   3-mal „
  „   Lieutenant   4-mal „
  „   Hauptmann   5-mal „
  „   Obristwachtmeister   6-mal „
  „   Oberstlieutnant   7-mal „
  „   Oberst   10-mal „

dann auf jedes Pferd ohne das rauhe Futter 1 Vierling Haber zu 4 kr. gerechnet und berechneten sich die Gesammtkosten auf 2356 fl. 7 kr.

1645—1646. Bayerische Contribution.

1645. Nach der Schlacht von Herbsthausen, in welcher der

allmächtige Gott der Reichsarmee so ansehnliche Victoria verliehen, wurden nach einem vorliegenden Schreiben aus dem Hauptquartier Groß-Wahlstadt vom 10. Mai 1645 die Kriegsgefangenen Franzosen in verschiedene Orte gebracht.

Ein Cornet des Generals Mercy brachte mit 6 Reitern 79 Mann französische Gefangene — namentlich aufgeführt — hieher. 1646. Lapierrsche, Sporksche und württembergische Reiter. Dem Oberst Lapierre mußten nach Signat vom 10. März 1646 100 fl. Servis- u. Tafelgelder gereicht werden und für 17 Pferde Futter.

1646 am 10. August vereinigten sich der schwedische Feldmarschall Wrangel mit dem französischen Marschall Turenne im Württembergschen und rückte an Anfang September 1646 letzterer und die Bernhard Weimarsche Armee von Geißlingen her in unsere Gegend.

Am 14. September ergab sich die Stadt an die Franzosen. Zwei französische Regimenter, zu denen noch 2 Compagnien Dragoner kamen,*) besetzten Lauingen.

Nun begannen die Lieferungen und Quartierlasten wieder im immensen Grade.

Schon vor der Besetzung der Stadt hatten der französische Generalkommissär Tracy, Feldmarschall Turenne und Wrangel Aufforderungen wegen Lieferungen erlassen, wovon wir in specie folgende anführen:

Tracy, französischer Generalkommissär schreibt unterm 10. September 1646 nach Lauingen:

---

*) Schreiben Turennes 20. Dezember 1646.
„Es wird hiemit dem Bürgermeister und Rhat der Stadt Lauingen
„Befehl ertheilt, zwei compagnia tragoner uf und anzunehmen und
„ihnen bis auf weitere Ordre den substistant und Unterhalt zu geben.
Signatum Hauptquartier zu Weissenhorn 20. Dezbr. 1646.
Auf Befehl der fürstl. Durchlaucht:
Adieudonné.

Jeder Dragoner bezog als Ration täglich:
2 Pfund Fleisch,
3 Pfund Brod,
1 Maß Bier,
20 Pfund Heu fürs Pferd,
4 kleine Mäßlein Haber,
1 Batzen an Geld für Servis,
Capitän 6 Rationen und 1 Thaler an Geld für Servis,
Lieutenant 4 Rationen und ½ Thaler Servis.

„Es sollen hiemit die Inwohner zu Lauingen alsbald nach
„Empfang dieser Ordre das Mehl, so allda bereit, zu Brot ver-
„bachen lassen, damit die begerte Quantität als 60,000 ℔ un-
„fehlbar innerhalb 2 Tagen daselbst gefunden werden kann, dessen
„man sich zu geschehen gewiß versieht, dann sonst im widrigen
„Fall die äußerste Kriegsexekution an die Hand genommen wer-
„den müßte. Geben im Hauptquartier zu Buch 10. Sept. 1646.

10. September 1646 wird vom Generalmajor Robert Dug-
las durch dessen Abgeordnete in die Kuchen begert:

    4 Rinder — akkordirt auf   3,
    4 Kälber — akkordirt auf   2,
    5 Schaf — akkordirt auf   4,
  500 ℔ Roggenbrot — verakkordirt auf 300,
  300 ℔ Weißbrod — verakkordirt auf 200,
    6 Faß Bier — verakkordirt auf   3,
  50 alte Hennen — verakkordirt auf 30,
  30 Hühner — verakkordirt auf 20,
  300 ℔ Butter oder Schmalz — verakkordirt auf 150,
    1 ℔ Pfeffer,
    ½ ℔ Ingwer,
    4 Loth Muskat,
    ½ ℔ Negelblüh,
    3 Loth Safran,
    3 Zuckerhüt,
  20 ℔ Licht,
  60 ℔ Saife,
  20 ℔ Wachslicht,
  40 Säck Mutterhaber,
    2 Säck Salz,
  100 Maß Essig,
  600 Eyer,
    3 ℔ Baumöl,
    2 Indianische Stück Geflügel.

Nach einer Requisition des Tracy an den Rath dahier vom
14. September 1646 soll jeder Gemeine täglich

    2 ℔ Brod,
    1½ ℔ Fleisch,
    1 Maß Bier und ein Halbbatzen an Geld für sein
Servis erhalten.

    Oberstlieutenant   12 solche Rationen,
    Oberstwachtmeister 10   „
    Capitän   6   „
    Lieutenant   4   „

Turenne schreibt vom Feldlager in Aalen 11. Sept. 1646 an den Magistrat dahier:
Messieurs, Messieurs le Bourguemeister et Echenins de la ville de Lawingen.

"Messieurs. Es verwundert mich nicht wenig, daß ihr die "salvaguardia, so ich euch geschickt gehabt, in solch liederlicher "Weise habt auffangen lassen, hierbei hat ihr wiederum andere "zu empfangen, damit aber das vorig in verges gestellt werde, "müsset ihr fleißig achtung auf diese haben und Niemandt unbe= "kannt in der Stadt lassen, ein solches zu geschehen verlasse ich "mich und verbleibe unterdessen

Im Feldtlager bei Aalen 11. September 1646.

votre tres affectionè serviteur Turenne.

Der Bürgermeister der Stadt Gundelfingen schreibt unterm 12. Sept. 1646 an den Bürgermeister und Rath zu Lauingen.

"ꝛc. Hiebei haben E. E. Copi zu empfahen, was Herrn Ge= "neralmajor Wrangl's Hofmeister an Kuchenspeis begert und da= "von nit fallen will. Nit wissen wir, wie man kann zu wege "bringen; sonsten ist des Turenne und Weimarische Armada ver= "schiene Nacht zu Unterkochen logirt, heut auf die Nacht auf "Heidenheim und morgen auf Brenz, massen von Geislingen aus "schon zu Brenz Proviant ankommen, und hat Generalkommissär "Tracy sein vorig Ordre auf 60,000 ℔ Brod gegen uns wieder= "holt. Wir aber bringen allein in die 15,000 ℔ zusammen, nit "wissend, wie wir bestehen werden.

Specification
was die Stadt Gundelfingen geben soll.

Haber 25 Malter,
Mehl von Roggen 4 Malter,
Weizenmehl 1 Metzen,
Weizen Tafelbrod 300 Stück,
Roggen Tafelbrod 200 Stück,
Malz zum Biersieden 4 Malter,
Salz 1 Metzen,
Bier 20 Eimer,
Rinder 2,
Kälber 3,
fette Schwein 2,
Alte und junge Hühner 50,
Capaunen 6,
Indian 4,

Butter 150 Pfund,
Licht und Unschlitt 50 Pfund,
Wachslicht 30 Pfund,
Eyer 300 Stück,
Essig 1 Eimer,
Baumöl 4 Pfund,
Pfeffer 3 Pfund,
Ingwer 3 Pfund,
Safran ½ Pfund,
Zimmet 1 Pfund,
Negelein 1 Pfund,
Muskatblüh ½ Pfund,
Zuckerhüt 5 Stück,
Seifen 30 Pfund.

Ferner fügen wir hier an, daß Tracy unterm 31. Oktober 1646 die Aufforderung ergehen läßt, die Stadt Lauingen solle zum Behufe der Kranken noch mehr Betten und alte Leinwand darreichen.

Es liegen 1646—1647 verschiedene Schreiben von General Turenne vor wegen rückständiger Contributionen, die von Schwäbischgmünd, Giengen, Gundelfingen, Dillingen, Höchstädt unter Androhung der Execution durch Brand zur Armee nach Lauingen geliefert werden sollen.

Die Franzosen hielten Lauingen vom 14. September 1646 bis 12. Juli 1650 besetzt.

Vom 8. Januar bis letzten März 1648 wurde die Stadt von den Bayern bloquirt (eingeschlossen, berennt).

So lang die Franzosen die Stadt inne hatten, vergrößerten sie fortwährend die Festungswerke. In der Klosterchronik lesen wir: Circa annum 1650, als die Stadt von den Franzosen mehr befestigt wurde, hat Senator Herr Ablgais aedificium refectorum valde solidum zerstören lassen und das Holzwerk zu den Festungsbauten genommen." Dagegen scheint rings um die Stadt auf weite Entfernung Alles verwüstet worden zu sein, um den Belagernden keinen Unterschluf zu gewähren. Die vor der Stadt gelegenen Kirchen, Einzelnhöfe ꝛc. wurden niedergerissen.

Nachstehend folgen die aus vorliegenden Rechnungen gezogenen Verzeichnisse über Leistungen der Privaten und Commune während der Besetzung der Stadt durch die Franzosen.

Verzeichniß
was Bürgermeister Brotreis vom 14. Septbr. 1646, als die französische Armee hie angelangt und eine Garnison hineingelegt worden, bis auf den letzten Juli 1650, in welchem Monat (den 12. ejusdem) solche Völker wiederum abgezogen, für Contributionen an lauter Baargeld spenden müssen.

September 1646 zur Bezahlung der auf gedachte Armee gelieferte 200 Mäntel   16 fl.

im November zur Bezahlung Herrn Oberstlieutenant vom Friejischen und Oberstwachtmeister vom Bönighausischen Regiment, sammt andern mehr derselben Officiers   7 "

Item hat er im Monat September, Oktober, Novbr. Dezember 1646, Januar — 9. Mai 1647, als die Garnison von der Burgerschaft in den Häusern verpflegt worden, in welcher Zeit er, Herr Bürgermstr.

Brotreis täglich einen Dukaten zahlen müssen (außer
Futter, Servis und andern Unkosten)   522 fl.
Item im Monat Mai 1647 laut selbigem Contribu-
tionsregister aufs Rathhaus   14 „
Juny   56 „
July — November   222 „ 50 kr.
Dezember   66 „ 16 „
Januar 1648   16 „ 34 „
Item vom 8. Januar bis letzten März 1648 in der
von den Bayrischen beschehenen Plokirung täglich auf
das Rathhaus geliefert 1 fl. 36 kr.   129 „ 36 „
Item im Haus bezahlt des Tags 1 fl. 24 kr.   129 „ 24 „
Item als die Plokirung sich wieder geendet, hat die
Contribution wieder völlig aufs Rathhaus geliefert
werden müssen April — Oktober   462 „ —
November   99 „ —
Dezember   152 „ —
Item hat er für fünf Tag seinem im Quartier ge-
habten Rauchhauptischen Hauptmann zalt   16 „ —
Januar — März 1649   495 „ —
April   165 „ —
Juny   330 „ —
July August   198 „ —
September Oktober   198 „ —
November Dezember 1649   247 „ 30 „
Januar — July 1650   474 „ 22 „
Item hat Herr Brotreis vom 5. Januar 1649 bis
letzten Januar 1650 täglich auf Herrn Königslieute-
nant Hansen Mayer Präuen 36 kr. für Servisgeld
zahlt   235 „ 12 „
1. Februar 1650 — 31. May desgl.   36 „ —
Juni   9 „ —
Juli   4 „ 30 „

         Summa der Contribution   4301 fl. 14 kr.

    NB. Darunter kein Futter, Servis noch andere Nebenun-
kosten, so ihm im Haus aufgegangen, ganz nit gerechnet.

    Nach einem vorliegenden Schreiben mußten die Grafen
Fugger monatlich 400 fl. zu Unterhaltung hiesiger Garnison
contribuiren.

Verzeichniß

was seit Ankunft der k. französischen Armee vom 14. September 1646 — 12. Juli 1650 die Stadt Laningen auf die innehabende Garnison aufgewendet.

Die Salvagardia, welche von der Armee der Stadt gegeben wurde 400 fl.
Den Generalen und Obersten ꝛc.
Von 8. Januar bis 1. April 1648, als hiesige Stadt 3 Monat lang von den Churbayerischen bloquirt gewesen und die gelder von denen hiesige garnison zu verpflegen angewiesenen Orten nicht mehr eingebracht werden konnte, hat es monatlich, weil die Soldaten wieder in den Häusern verpflegt werden mußten, nur an gelt und harten Futter auf die 6000 fl. erfordert thut 18000 fl.
Weil man nachfolgenden Monat Mai oder Juni die völlige Evacuation verhofft und vom Herrn Commandanten darauf stark vertröstet worden, also ist diesen Monat Martii auf ein selbst gleichsam Erinnern eine silberne vergulte Kanne, so 180 fl. gekost und darin 400 Dukaten, ohnerachtet er sich zu einem Mehreren versehen, verehrt worden, zusammen 1380 fl.
(Die Verehrungen und Servis spielen bei allen Einquartirungen eine Rolle. — Servis (Lichter, Holz, Salz).
Summa, was vom 14. Sept. 1646, bis 18. Juli 1650 die Stadt Laningen auf die innehabende französische Garnison für Unkosten (außer Servis, rauhem Futter, verderbung vieler um die Stadt gelegener Stuck und gärten, minier und Abbrechung gemeiner Stadt Blaichen, Oelmühlen, Kirchen und anderer Gebäu, durch Abnehmung der Gewehre und was etwa ein oder andere Burger sonsten an allerhand sachen im Haus hergeben und spendiren müssen, welcher Schaden auch über die 50,000 fl. zu taxiren were) ausgelegt ꝛc. 296,518 fl. 39 kr.
Sodann hat vor Anlangung vorbemelter französischer Armee der 6 Tag hier gelegene churbayr. Dragoneroberstlieutenant Bissinger die Stadt Laningen kost aufs geringste angeschlagen 3842 fl.
Dabei kommt vor, daß die 7 Mühlen auf der Donaubruck bei Hinwegzug des Oberst ruinirt und 2 Joch an der Bruck abgeworfen und eingerissen worden (um den Rückzug zu decken?)
Auch sind zum Vorspann 40 Pferd, wagen, Schiff und Geschirr mitgeben, wovon nichts mehr zurückkommen.
An den Gesammtkosten mit 300,361 fl. 9 kr. wur-

den der Stadt Lauingen von Beihilfsorten an Geld geliefert 28,802 fl.
so daß die der Stadt Lauingen aufgebürdeten Kosten machen 271,469 fl.

Das Rauchhauptsche Regiment lag 1648 hier.

De Groot, der k. Kron Frankreich und Navarra bestellter Generaladjutant, Capitän zu Fuß und Commandant dahier schreibt unterm 19. September 1648 an den Rath dahier:

„Demnach Ihr fürstl. Gnaden Herr Generalfeldmarschall „Turenne das Veldtlager bei Neuburg mit nothwendiger Provi=„antirung versehen haben wollen, als wird kraft dies ordinirt, „daß die Stadt Lauingen zwischen hie und nächstkünftigen Sonn=„abend 50 Malter Mehl ohn einigen Abgang nach erlangter „Nachlaß unfehlbarlich ins Magazin liefert ꝛc.

Von Jerg Wanner Metzger, der zur Zeit der französischen Garnison Postreiterdienste versah, ligt eine lange weitläufige Abrechnung vor über verrichtete Postritte und summiren sich die einzelnen Beträge auf 1347 fl. vom 14. Febr. 1648 bis letzten September 1650.

Am 8. Aug. 1648 wurde der westphälische Friede zu Münster und Osnabrük geschlossen, welcher dem dreißigjährigen Kriege ein Ziel setzte, aber die Schweden und Franzosen hielten noch ein paar Jahr lang (1650) als sogenannte Exekutionstruppen das Herzogthum Pfalzneuburg und zwar auf Kosten desselben besetzt.

Wir können nicht umhin, hier ein Schreiben einzuschalten, welches unterm 15. November 1647 der Herzog Wolfgang Wilhelm von Düsseldorf aus an den damaligen französischen Minister Cardinal Mazarin richtete, um Erleichterung der Kriegslasten für die Stadt Lauingen und des Herzogthums Neuburg zu erlangen, das leider, wie die Thatsache lehrt, erfolglos geblieben. Dasselbe ist in italienischer Sprache abgefaßt und lautet in deutscher Uebersetzung etwa wie folgt:

„Am 10. September habe ich den Brief Eurer Eminenz vom 20. August beantwortet und Ihnen ferner am 4. und 18. Okt. geschrieben und hoffe, daß meine sämmtlichen Schreiben in Ihre Hand gelangt sein werden.

Ich erwarte nun mit größter Sehnsucht die gnädigen Entschließungen und Verordnungen Sr. christlichen Majestät in Betreff der Verringerung der Besatzung meiner Stadt Lauingen und der zukünftigen Schonung sowohl dieser Stadt als auch der andern meines Herzogthums Neuburg und besonders von Höchstädt und Gundelflugen.

Allein während die erwarteten Anordnungen Sr. Majestät nicht eintrafen, ist mittlerweile die Garnison in benannter Stadt Lauingen namhaft vermehrt und in Folge dessen die Beschwerlichkeiten der Stadt Lauingen und Umgegend auf eine Weise erhöht worden, daß sie nicht mehr zu ertragen sind, und daß die Einwohner gezwungen und entschlossen sind (wie der Bürgermeister und Rath der besagten Stadt Lauingen in einem Brief vom 29. Oktober mir in jammervollen Ausdrücken zu verstehen gaben) ihre Häuser und Güter zu verlassen und anderswo Zuflucht zu nehmen, um nicht mit ihren Weibern und Kindern in ihren eigenen Häusern vor Hunger und Elend zu sterben. Die Unkosten, die ihnen die französische Besatzung sowohl an baarem Geld als an andern Leistungen gemacht hat, dann die Schäden, die ihnen durch die Verheerung ihrer Häuser, Gärten und Felder durch die neuen Befestigungsanlagen sowohl in der Stadt als außerhalb derselben verursacht wurden, betragen mehr als 150,000 Goldthaler, was durch Rechnung nachgewiesen werden kann.

Deßwegen komme ich nun aufs Neue, um Eure Eminenz inständig zu bitten, daß sie dazu beitragen mögen, daß die erleichternden Anordnungen Sr. Majestät, auf die ich mich in Folge Ihres Briefes verlassen habe, und auf welche hin ich meine Untergebenen getröstet habe, uns bald zukommen mögen, um dem gänzlichen Ruin und der Verzweiflung meiner Stadt Lauingen, welche die Hauptstadt meines Herzogthums Neuburg ist, und der Umgegend zuvorzukommen.

Ich und mein Sohn und dessen theuerste Gemahlin werden sich auch zu unserm Wohle erfreuen des geneigten gütigen Willens Seiner Majestät und wie es auch zum immerwährenden Lobe Sr. Majestät und des Königs von Polen gereichen würde, so würden auch wir diese Huld und Gnade mit stets bereitwilligen Diensten anerkennen.

Am Schlusse küsse ich Eurer Eminenz noch in aller Verehrung die Hände."

Düsseldorf den 15. November 1647.

Herzog Wolfgang Wilhelm schreibt unterm 15. November 1647 von Düsseldorf aus an unsern lieben getreuen N. N. Bürgermeister und Rath unser Stadt Lauingen.

„Unsern gnädigsten Gruß zuvor liebe Getreue. Uns ist Euer schreiben vom 29. Oktober nächsthin am 13. dies eingeliefert worden und habe daraus, wie auch aus unsers geliebten Sohns

und unser geheimer Rhete zu Neuburg an uns vor und nach ge-
thanen Berichten ganz ungern und mitleidentlich vernommen, daß
ihr und eine gesammte Bürgerschaft Lauingen von der französischen allda ligenden auch seithero verstärkten guarnison mit un-
erschwinglichen Contributionen und Auflagen noch immerfort so
hart und unleidentlich beschwert werdet. Gleichwie wir uns um
Euer jederzeit fürst-väterlich und gnädigst angenommen und dasjenige mit schreiben, schickungen und Sollicitiren am königlichen
französischen Hofe und anderwärts vorgestellt, was zu eurer sub-
levation und erleichterung gereichen können, darauf wir euch vor
etwan dreien Monaten die vertröstung erlangt, daß uns, wo nit
zu Euer gänzlichen befreiung, doch ersprießlichen erleichterung ge-
messene königliche befelch zugeschickt werden sollten, darum wir
auch seithero zu verschiedenen malen angemahnt haben; dieweilen
aber dieselbe bis noch zu nit erfolgt sein, so haben wir hierunter
an den Herrn Cardinalen Mazzarin bei gestern abgelaufener
ordinari nochmalen geschrieben, wie ihr aus der copi zu ersehen
und geleben wir der guten zuversicht, es werde die besidirirte kgl.
Ordre wegen Evacuation unserer Statt Lauingen oder doch zum
wenigsten deren merkliche erleichterung mit ehlstem erfolgen. In-
mitten wollet ihr den Muth nit gar sinken lassen, sondern euch
selbsten und zugleich eine ganze Bürgerschaft bester massen ani-
miren und zu Gott das unzweifliche Vertrauen setzen, derselbe
werde ferner straf und ruin von Euch und andern unsern Landen und Leuthen dermalen einst guediglich abwenden und Euch
zu respiration kommen lassen: wollte mir Euch vermelden, und
seind euch mit landesfürstlicher gnaden wohlbeigethan.

Düsseldorf 15. November 1647.

Wolfgang Wilhelm (manu propria). *)

---

*) Als Aktenstücke Bezughabend auf diese Zeit lassen wir
noch folgen:

An die Herrn Bürgermeister und Gericht zu Lawingen zu überreichen.

Le Sieur de Tracy conseiller du Roi en son conseil d'etat
commissaire General et collonel de cavallerie en son Armée
d' Allemagne.

Es sollen hiemit die Innwohner zu Lauingen alsbald nach empfang
dieser orbre das Meel, so allda bereit, zu brot verbacken lassen, damit
die begerte Quantität, als 60,000 Pfund ohnfehlbar innerhalb zweien
Tagen daselbst gefunden werden können, dessen man sich zu geschehen ge-

wiß verfiehet, sonst im widrigen Fall die äußerste Kriegsexekution an die Hand genommen werden müßte.

Geben im Hauptquartier zu Buech den 10. Sept. 1646.

Tracy.

An Herrn Herrn Bürgemeister und Rath zu Lauingen.

Le Vicomte de Turenne Marechal de France Lieutenant General du Roi en Allemagne.

Ehrsame liebe Getreue. Wir haben Ihre an uns überfertigte Schreiben zu Recht bekommen. Wann aber die Notturft erfordert, daß die zwo Compagnie Dragoner zu conservation Ihrer Statt darinnen weiters verbleibend, jedoch dessen Verpflegung von Schwäbischgmündt und Dillingen beigetragen werden solle, als schicken wir Euch zu dem Ende ein Ordre an denen Oertern, damit Ihr Ihrentwegen nichts ausgeben dürfet und verbleiben Ihnen allzeit wohlgewogen. Geben Waltsee den ersten Tag des 1647 Jahrs.

Turenne.

Le Vicomte de Turenne Marechal de France, Lieutenant General du Roi en Allemagne.

Jl est ordonne au s... forest de faire bailler subsistançe et logement en maison Bourgeoise - a Lawingen, au nommè la Plume Soldat — de la Compagnie du s... de france au Regiment de Vaubecourt. Fait a Dillingen le vingthuitieme Octobre 1647.

Turenne.

A Monsieur, Monsieur de Veine Jntendant de ça le Rhyu pour sa Maiesté tres chrestienne

a

Heilbronne.

Monsieur

Vostre Excell. se souviendra encore de cette promesse le 6 d'8bre donnée a nos Deputes, aussitot que son Altesse le Marechal de Turenne viendra dans la ville d' Heilbronn environ dix ou douze jours, qu'elle veut faire cette grace a nos poures (pauvres) et a la ruine reduites bourgois de la ville de Lawinghen, a fin que son Altesse de Turenne ayo une compassion de nous et donne aussi une bonne moderation tant pour la contribution, que pour l'entretenement de la guarnison: pour cette Faveur á nous promisèe nous vous remercions grandement, prions bien — humblement à tenir encore cette promèsse en une bonne souvenance, et demeurer toujours un grand patron de la ville do Lawinghén, comme icelle a dediée toute

sa fiance et assurance en vous seul, esperons que votre Excell. obtiendra une bonne resolution de son Altesse, pour la quelle grace et peine nous recognoistrons bien obligés promettans de nous montrer en effet, que votre Excell. soit tres-bien content avec nous en demeurant a jamais
(Sine dato.)   Votre Exell.

tres-humbles
serviteurs
Bourgmaistres Conseil
et Senat de la ville
de Lawinghen.

Hans Adam Graf von Raisach schildert die Lage des Vaterlandes mit folgenden Worten:

„Wolfgang Wilhelm mit seinem Schwager Churfürst „Maximilian in Bayern waren die einzigen Fürsten Teutsch„lands, welche das blutige Schauspiel des dreißigjährigen „Krieges von Anfang an bis an's Ende mitangesehen und „mitwirkend dabei aufgetreten waren.

„Der Zustand des Fürstenthums zeigte sich traurig noch „nach wieder eingetretener Ruhe.

„Die ehmals bevölkertschen Ländereien boten dem Auge „nichts, als eine mit Gebüsch und Unkraut überwachsene „öbe Wüste dar, aus der hie und da die Ruinen eines Kirch„thurms oder eines beträchtlichen Hauses hervorragten. Die „Volkszahl war bis auf den zehnten Theil der ehemaligen „heruntergeschwunden und eine ganze Generation dem rasen„den Kriegsgott als Hekatombe geschlachtet worden. Die „alten Sitten, Gebräuche, Rechte und die Meinungen lagen „unter Schutt begraben und auf den mit Blut gedüngten „Grabhügeln einer Nation siedelte sich allmählich ein neues „Volk an, das im Gewühl der Waffen, im Lager geboren „und erzogen das Schwert zum Pflugeisen umschuf und da„mit den Acker pflügte, den es verheert und zur traurigen „Wildniß gemacht hat.

Man kann hieraus schließen, wie es nah und ferne um die Stadt ausgesehen haben mag. Wir finden auch an den betreffenden Stellen, daß alle Gebäude außerhalb der Ringmauern der Stadt in Schutt lagen, die Einzelnhöfe niedergebrannt, die Dorfschaften verwüstet und zum Theil verschwunden. Birkach besteht nur noch dem Namen nach; auch die Gebäude bei Weihgau, das Klösterlein ꝛc. sind nicht mehr aufgebaut worden. Helmaringen und der Higstätterhof jenseits der Donau lagen öde und in Asche. Hausen und den beiden Riedhausen mag es nicht viel besser ergangen sein.

Das Kirchlein St. Leonhard diente in seinen Ruinen zu Roßställen, die St. Johanniskirche sammt dem Siechenhaus, dem Todtengräberhaus, dem Ziegelstadel und des Zieglerswohnung wurden durch das Kriegsvolk demolirt. Durch die Blokade ꝛc. hat das Innere der Stadt wohl selber gelitten. Wir haben gelesen, daß auch die Donaubrücke von dem abziehenden Kriegsvolk zur Deckung des Rückzugs niedergebrannt worden ist.

Einen interessanten Rückblick auf den dreißigjährigen Krieg haben wir vor uns liegen, den wir als Schluß hier mitzutheilen nicht umhin können:

Nachdem Wrangel im Frühling 1648 bei Lauingen die Donau überschritten und sich abermals mit Turenne verbunden hatte, stand er am 29. May (alten, 29. neuen Styls:) 1648 dem bayr. kaiserl. Heere unter Melander bei Zusmarshausen gegenüber und hier ward die letzte Schlacht des dreyßigjährigen Krieges geschlagen, in welcher die Schweden siegten und Melander fiel. Nun ergossen sich, wie eine Sündfluth die Kriegsheere wieder über das Bayerland und wütheten, wie im Vorgefühl des Elendes ihrer Herrlichkeit. Zuletzt mußten sie von den Unbilden des Himmels vertrieben und von selbstverursachtem Mangel gehetzt, sich ohne Zwang des Schwertes aus Bayern nach Schwaben wenden, anstatt den Siegeslauf durch Oberöstreich weiter zu verfolgen.

Als dem schwedischen General Wrangel zu Feuchtwangen der Friede angekündigt wurde, warf er fluchend seinen Hut zur Erde und gebot seinen Horden „auf dem Rückmarsch noch einmal alle Furien des Krieges loszulassen."

„Erst 30 Jahre gewüthet und nun soll schon Friede seyn"? Das waren die Gedanken der Kriegsleute vom Höchsten bis zum Steckenknecht. Der Krieg hatte ein volles Menschenalter gedauert. Wer im J. 1618 in Deutschland geboren war, hatte in seinem 30. Jahre noch keine Anschauung von dem, was man Frieden nennt. Der Krieg hatte ein eigenes Geschlecht nur für den Krieg selbst herangezogen. Jeder Armee folgte eine zweite von Weibern und Kindern nach, die Häuslichkeit war in das Kriegszelt geflüchtet, die Schule voll Soldatenkinder zog von Lager zu Lager. Was sollte aus diesen Tausenden werden, wenn das, was sie bisher allein ernährt hatte, — der Krieg mit einem Male zu Ende ging. Nicht weniger als zwei Drittheile seiner Bevölkerung waren dem Schwerte dem Hunger, der Pest und den Martern erlegen. In Sachsen waren, nur in zwei Jahren 900,000 Menschen umgekommen, und in den Dörfern um Freisingen waren von 400 noch 20 Menschen am Leben Augsburg war von 90000 Einwohnern auf 18000 zusammengesunken.

Namentlich in Franken war die Entvölkerung und Verödung weiter Landstrecken so stark, daß die fränkische Kreisversammlung zu Nürnberg am 15. Febr. 1650 ein Gesetz erlassen mußte, „nach demselben" sollen hinfüro innerhalb der nächsten zehn Jahre von junger Mannschaft, so noch unter 60 Jahren seien, in die Klöster aufzunehmen verboten, — den Priestern Pfarrern, sich gleich zu verheurathen, — jeden Mannspersonen zwei Weiber zu heurathen erlaubt sein. Und dieses Gesetz fand man damals ganz in der Ordnung; ein solches Mißverhältniß war, zwischen der männlichen und weiblichen Bevölkerung vieler Länder entstanden. In vielen Gegenden lebten nur noch Weiber, auf dem ganzen Lande des Fürstenthums Koburg waren 1648 nicht hundert Männer mehr zu finden, viele Dörfer waren ganz ausgestorben, Wald und Gesträuch wucherte empor, wo früher Garten und Aderboden gepflegt worden war; nicht wenige geflüchtete Familien fanden bei der Heimkehr Haus und Herd im wilden Gebüsch oder die Mauerspuren ihrer Wohnstätten, die früher in sonnigen Freien lagen, nun mitten im Walde.

Bettius in seinem Excidium Germaniae sagt: Ihr (Deutschen) wißt, wie über Euch fliegende Drachen, giftige Scorpionen, zerreißende Bären und Löwen kommen sind, die eure Städte ausgebrandt, Eure Schätze mit großen Schlagfässern aus euren Landen geführt, Eure Erndten, Brodtern, Ochsen, Schafe und Viehe vor euren Augen verzehret; viel Tausend Bürger und Bauren in's Wasser gejagt, in den Wäldern zu todt gemartert, aufgeschnitten und das Herz aus dem Leibe genommen, Ohren, Nasen und Zungen abgeschnitten, und die Fußsohlen eröffnet: unflätige Tränke eingegeben und dadurch zu todt gemartert: Weiber und zarte Mägdlein zu todt geschändet und so barbarisch gehaust, daß aller Menschen Sinne es nicht zu begreifen vermögen.

Erinnert euch ihr Städte: wie viele in ihrer großen Mattigkeit starben, welchen ihr nicht ein Bette von euren vielen übrigen zugeworfen, welche euch aber hernach vor eurem Angesicht sind weggenommen worden. Ihr wisset, wie die Lebendigen sich untereinander in Winkeln und Kellern gerissen, geschlachtet und gegessen, daß Eltern ihre Kinder, und die Kinder ihre todte Eltern gegessen: daß viele vor den Thüren nur um einen Hund und eine Katze gebettelt: daß die Armen in den Schindergräben Stücke vom Aase geschnitten, die Knochen zerschlagen und mit dem Marke das Fleisch gekochet, das oft voll Würmer gewesen." Das ist entsetzlich, aber noch nicht das Aergste. Die Chroniken berichten, daß, als man einmal angefangen, sich von den Todten zu sättigen und „als dies einmal im Schwang war" man die Leichname von dem Hochgerichte stahl und endlich die Gräber aufriß, „um an halbverwesten Körpern Nahrung zu suchen. Durch starke Wachen mußte man die verzweifelnden Menschen endlich von den Kirchhöfen zurücktreiben: Jauer, eine Stadt in Schlesien wurde 1621, 1622, 1626, 1629, 1632, von feindlichen Truppen, 1633 von der Pest, an welcher 1000 Einwohner starben, und so noch öfter heimgesucht.

Der Dichter entwirft die Schilderung:

> Von diesem Gräul, dem Brennen, Morden
> Dem Martern, Schänden und Vernichten,
> Wie ganz zum Thier der Mensch geworden,
> Vor keiner Unthat, Scham und Scheu.
> Kein Funken Ehr, kein Fünkchen Reu!
> Wie alles da die Gier verschlang,
> Was kaum dem Boden sich entrang!
> Wie man zuletzt zum Zeitvertreib
> Mit Schwedentrunk, mit Geiselhieben
> Gemartert Mann und Kind und Weib,
> Die Jungfrau, wie den ältesten Greis
> Und sie, wie Heerden haufenweis
> Ins Elend vor sich hergetrieben!

>Wie Haus um Haus sie niederreißen,
>Mit dem letzten Balken das letzte Eisen,
>Zu Mordgewehren umzuschweißen!
>Wie endlich noch der Wolf sogar
>Sich mit dem Feind zum Mord vereint!
>O armes Leben! Sieh da war
>Der Mensch des Lebens aergster Feind!

Trotz des schwestphälischen Friedens zu Münster und Osnabrück, der dem 30jährigen Kriege ein Ziel setzen sollte, hatte das Ungeheuer des Kriegs noch nicht ausgetobt. Es war, als ob weder Schweden noch Franzosen den deutschen Boden hätten verlassen können, so lange sie noch etwas zu verschlingen, zu rauben und zu vernichten fanden. Die Schweden verweigerten es, sich über die deutschen Gränzen zurückzuziehen, bis die 5 Millionen Thaler Kriegsentschädigung bezahlt seien. Und so ganz widerstandlos lag das Reich da, daß schwedische Söldner fast zwei Jahre lang täglich gegen 100,000 Thaler dem Lande erpreßte, die Trümmer der Nation also um mehr als 50 Millionen noch nachträglich brandschatzten, ehe jene 5 Millionen ordnungsmäßig aufgebracht werden konnten, ja im Münsterschen und Brandenburgschen hausten sie noch 1654 gerade in Folge des Friedens.

Als endlich die Fremden hinaus und die Deutschen wieder allein daheim waren, vermochten sie nach und nach erst zu überschauen, was sie verloren hatten, da begann erst die rechte Klage der Nation, aber vergeblich. Die Natur allein täuschte und tröstete die Menschen mit ihrem wuchernden Grün über den Leichenhügeln und Ruinen und die Noth trieb sie zu neuer Thätigkeit an."

Nach dem dreißigjährigen und vor dem spanischen Successions-Kriege.
1650 — 1702.

Nach dem dreißigjährigen Kriege war längere Zeit Waffenruhe. 1664 fielen die Türken in Ungarn ein und verbreiteten panischen Schrecken bis in unsere Gegend herauf. (Vergl. S. 40 der Geschichte Lauingens.) Neuerdings, heißt es weiter in der Geschichte, loderte die Kriegsflamme auf gegen Ende der Regierung Philipp Wilhelms (1653—1690), als ihm 1683 durch den Tod Karls des Churfürsten in der Rheinpfalz dieses Churfürstenthum zu Theil werden sollte.

König Ludwig XIV. von Frankreich machte auch Ansprüche auf die pfälzische Erbschaft für den Herzog Philipp von Orleans und ließ durch seinen Marschall Louvois die Pfalz am Rhein überfallen und schrecklich verwüsten. (vid. S. 41 der Geschichte.)

Welch unruhige Zeiten übrigens schon 1674, und welche Truppenbewegungen in unserer Gegend Statt hatten, bezeugen folgende Vorträge in der Klosterchronik, so wie die Notiz in dem Hofthurmknopfe (1675. Um diese Zeit führte der König von Frankreich Ludwig XIV. schweren Krieg wider Kaiserliche Majestät Leopold und das Reich und hat die Stadt anfangs 100 niederländische Reiter innegehabt, die zum Theil auf das Land verlegt sind. Kosten hiesiger Stadt monatlich 272 fl. 17 kr.

In der Klosterchronik lesen wir:

1674. Currente hoc vere et posthac aestate fuere inquietissima tempora ob militum transitus, scilicet Brandenburgensium, luneburgensium, lotharengensium, caesarcorum et circularensium militum, qui omnes simul contra Gallorum exercitum Turenni, qui undequaque grassabatur et gloriabatur de fortuna, confluxere ad Rhenum, Spirum versus Argentinum in Alsatia, atque haec inquietudo et militum transitus hinc inde conflictus duraverunt tota aestate usque ad hiemalem castramentationem.

1674. „tempore adventus (Adventzeit). hoc tempore etiam magnus tumultus fuit ratione hyemalis castramentationis vulgo des Winterquartiers und haben die Leut aus allen Dörfern herein Alles geflüchtet, denn die lotharingischen, kaiserischen und kroatischen Soldaten um und um weit und breit sind einquartirt worden, haben gar übel gehaust sonderlich die Lotharinger. Unser Kloster ist Alles voll Kisten, Kästen und voller geflüchteter Sachen gewesen, alle Böden mit Früchten angefüllt und haben die Klosterfrauen von Möbingen bei dem Einfahrtthor das aufgerichtet Haus decken lassen und Fruchthütten machen, wie auch eine Stallung bei 30 Pferd, hat sie auf die 70 fl. kostet, hingegen ist gemelt Ort und Platz ihnen auf 5 Jahre frei zugewiesen worden."

1675. Hujus anni initium non adeo felix exstitit eoquod circum circa undique milites locati fuerint in oppidis, pagis usque tempus paschale, dann sind sie aufgebrochen mit völligem Maas auf Straßburg, und auf den Rhein zu den Franzosen Turenni entgegen.

Oberst Spelz (colonellus cohortis) gestorben.

1676. Jan. Diesen Monat seind die pfälzischen Reiter, so bei 3 Jahre hierum und in der Oberpfalz gelegen, abgezogen nach den Niederlanden.

Während diese niederländischen — pfälzischen Reiter hier in Garnison waren, ereignete es sich, daß einer derselben nach der Retraite (Zapfenstreich) einen Glasergesellen aus Muthwillen auf der Straße erstach und dann in das Augustinerkloster floh (ad asylum immunitatis, welche, sagt der Prior, wir in derlei Fällen ad cavendam irregularitatem keinem abschlagen können). Das Militär umgab nun das Kloster mit Wachen, so daß Niemand weder hinein, noch heraus kommen konnte, ohne angehalten zu werden. Selbst der Besuch des Gottesdienstes in der Kirche unterblieb. Die Augustiner beschwerten sich deßhalb und liegen weitläufige Correspondenzen vor.

Dem Soldat — Reiter — gelang es, unbemerkt aus dem Kloster zu echappiren und er floh verkleidet nach Unterbechingen.

Akten vom Jahre 1651—1693 handeln von Durchmärschen kaiserlicher und französischer Truppen und 1698 von Quartieren des Graf Vehleschen Regiments.

Eine interessante Episode in diesen Jahrern bildet die Brandschatzung des französischen General Feuquiere, worüber wir folgenbe Aktenstücke anführen, inhaltlich deren die Stadt Lauingen innerhalb 36 Stunden über 8000 fl. Brandschatzung zahlen mußte.

Pour Messieurs les Baillif (Pfleger) et Officiers de **Monsieur** l'Electeur Palatin
a
Lauingen.

Monsieur le Baillif ou Officiers de Monsieur l'Electeur palatin a Laugingen seront adverti par ce billet, que, si demain a midi six du mois le Decembre il ne font porter chez moi la somme de quatorze mil livres monnaie de France ou sept mil florins, à laquelle la ville et le bailage de Laugingen à etée taxeè pour les contributions, que la Majesté tres chrestienne leur demande, je les traiterai de maniere, comme j'ai traité les villes, qui non pas voullu payer la contribution; fait au quartier de Grauthausen le 5. Decembre 1688.

Ein gleiches Contributions und Brandschatzungsschreiben ligt vor bezüglich der Stadt Höchstädt von gleichem Datum, nur heißt es hier:

„la somme de douce mille livres monnai de France ou six
„ mille florins.

Die Quittung über den Empfang des Geldes lautet:

Je certifie avoir reçu de la ville de **Lauingen** par les mains du Baron Denzl Grand-baillif de la ville la somme, la quelle elle à esté taxée pour la contribution, que sa Majeste tres chrestienne lui demande en argent sans prejudiçe des rations de fourage, pour le quelles ils viendront . . . .
a Heilbronn, fait au quartier de Haidlfingen le douzieme decembre 1688.

Feuquier.

Der vorliegende Schutzbrief, welcher gedruckt und nur mit dem Namen der Stadt in Schrift eingesetzt vorliegt, lautet:

LE MARQUIS DE FEUQUIERE

Gouverneur & grand baillif des Villes & Cittadelle de **Verdun** et Pays Verdunois Colonel dun Regiment D'Infanterie entretenu pour le Service de sa Majesté Brigadier D'Infanterie & Commendant á Hailbronn

Nous avons mis sous la protection du Roy & la nostre La ville de **Lauuingen** ses dependances et ses subjects, deffendons tres expressement a tous gens de guerre, & autres qui sont sous nostre commendement, de quelle qualité qu'ils soient, de prendre ou enlever aucune chose appartenant aux habitans dela sudtte ville a peine de punition corporelle, ordonnons a tous Officiers & autres d'y tenir la main a peine de repondre en levrs propres et privez noms des contreventions; fait a' Altheim de 7. Decembre 1688

Feuquiere

(L. S.)   · PAR MONSEIGNEVR

Barterot.

Es scheint, daß die Franzosen cursorisch die deutschen Provinzen resp. Städte und Orte einzeln brandschatzten und dann sogleich wieder abzogen, nachdem sie die Gelder erhalten hatten.

Es liegt ein Verzeichniß vor, was zwischen dem der Stadt Lauingen und Dillingen mit seinen unterhabenden Kriegsvölkern gelegenen französischen General Fequier als eine Contribution und Brandschatzung unter schrift- und mündlicher Bedrohung der Plünderung und Brands hat entrichtet werden müssen, aus dem wir folgendes in gedrängter Kürze mittheilen:

Baare Brandschatzung	7000 fl. — kr.
Discretionsgelder, welche anfangs von Fequier auf 1500 fl. gestellt waren, dann aber auf inständiges Bitten auf gemindert wurden	1000 „ —
Den 2 Officieren, welchen das Geld eingezählt wurde;	200 „ —
Dem dabei anwesenden Kriegscommissär	50 „ —
Dem General für vier schriftliche Salvaquardia (Schutzbriefe) nämlich für Lauingen, Hausen u. die beiden Riedhausen à 15 fl.	60 „ —
(Bis zu Ablieferung der Brandschatzung mußten die überlieferten Geißeln bei den Franzosen in Arrest bleiben und mit denselben fortmarschiren.)	
Dem Herrn von Tänzel für eine Reise nach Neuburg und zu General Fequier	30 „ —
Denjenigen Bürgern, welche den Rest der Contribution und Brandschatzung nach Heilbronn lieferten, Zehrungskosten	25 „ —
Rittgelder bis zu Wiederentlassung der Geiseln	110 „ 51 kr.

Auf unterschiedliche Botenlohn und Einholung
der Kundschaften, so Tag und Nacht ergangen   46 fl. 45 kr.

Summa 8522 fl. 36 kr.

Die Einnahmen zur Bestreitung dieser Leistungen flossen aus Umlagen und Anlehen und zwar leistete in runder Summe:

Das Weberviertel   1744 fl.
„   Pfarrviertel   1921 „
„   Brüderviertel   899 „
„   Hofviertel   1455 „
Hausen   241 „
Beisassen   125 „
Hintersassen (Riedhausen) 73 „ 37 kr.
Anlehen   4097 „

Unter den Ausgaben kommen eine Menge Rittgelder für Kundschafter ꝛc. vor, z. B. Christoph Wörnhör Rittgeld, Beschläg und Heilung seines gedruckten Pferdes 5 fl. 12 kr.

Ferner ihm, als er 2 Täg neben einem andern Burger zu Langenau als ein Kundschafter gefangen gewesen, für Zehrung zalt 3 fl. 12 kr.

Zu dergleichen Ritten mußten sich in der Regel die Metzger mit ihren Pferden gebrauchen lassen.

Der Spanische Successionskrieg.

Der spanische Thron war erledigt. Frankreich, Bayern und Savoyen, vor Allem aber Oesterreich machten Ansprüche auf denselben. Max Emanuel, Churfürst von Bayern ließ sich durch die Versprechungen der Franzosen, welche ihm oder eigentlich dem Hause Bayern zum Throne Spaniens verhelfen wollten, verleiten, gegen das Haus Oesterreich und die übrigen Kronprätendenten als Gegner aufzutreten und die traurige Folge dieses Unterfangens war ein Krieg, der dem bayerischen Volke 10 Jahre des Elends brachte. Während, wie gesagt, Churbayern unter Max Emanuel mit den Franzosen verbündet war, hielt es Churpfalz, wozu auch Lauingen gehörte, mit dem Kaiser von Oesterreich und den damit alliirten Engländern, so daß Bayern und Pfalzneuburg, obgleich verwandt und die nächsten Nachbarn einander feindlich gegenüberstanden.

Auf französisch-bayerischer Seite waren als Heerführer: der Churfürst Max Emanuel und die französischen Generale Herzog von Bendome, Villars und Tallars. Auf österreich-englischer Seite: Herzog Eugen, General Styrum und der Engländer Marlborough.

Eine Hauptschlacht war die am Schellenberg bei Donauwörth am 2. Juli 1704 und bei Höchstädt oder Blindheim 13. August 1704.

In die Zeit des spanischen Successionskriegs fällt auch der bayerische Volksaufstand gegen die Oesterreicher, die Schlacht bei Sendling und Aidenbach ꝛc.

Wir beschränken uns auf das unsere Gegend und unsere Stadt Berührende und theilen zuerst den Auszug aus der Klosterchronik mit, soweit er diesen Krieg betrifft, mit ein paar weitern nicht uninteressanten Notizen.

Neben diesem Auszuge aus der Klosterchronik folgen anderweitige Aufschreibungen.

„1702. 19. Oktober ist die hiesige Stadt Lauingen und der Paß über die Donau von Churbayern eingenommen und besetzt worden.

Der Churfürst von Bayern (Max Emanuel) verweilte mit 20,000 Soldaten zwei Tag hier. An selbem Tage haben sie das Lager aufgeschlagen von Oberdillingen bis den Gundelfinger Weg, wo viel 100 Wägen sammt dem übrigen Volk 2 Nächt campirt.

Morgens 9 Uhr kam der Churfürst mit seiner übrigen Leibguardi, ist in dem großen Haus (Kaiserliche Haus, nunmehr Gasthaus zu den drei Mohren) auf dem Markt einlogirt worden.

21. Oktober früh um ungefähr 11 Uhr hatte ich (Prior) mit dem Superior Audienz beim Churfürsten; ich empfahl ihm unser Kloster, worauf wir von ihm die Antwort erhielten:

„Wann die Herrn Patres in dieser Kriegsconjunktur sollten
„an ihrem Kloster ein Ungemach leiden, setzen Sie Vertrauen
„auf mich; ich will Ihnen helfen; befehle mich in ihr Gebet.

1702. 22. Oktober. Befahl der Churfürst, daß morgens um 4 Uhr die erste, um 5 Uhr die zweite, um 6 Uhr die dritte Messe gelesen werde.

Ich (Prior) erwartete seine Ankunft bei unserer Kirche und nachdem er Messe gehört, und ich ihn mit Weihwasser besprengt hatte, zog er mit den Seinigen Ulm zu, indem er in hiesiger Stadt eine Besatzung von 300 (800?) Mann zurückließ.

27. November. Kam von Ulm her der Churfürst wieder in unsere Stadt.

28. November um ungefähr 10 Uhr kam die Churfürstin.

30. November am Feste des heil. Andreas hörten beide in unserer Kirche um 12 Uhr die Messe, welche ihr Beichtvater las.

In diesem Jahre hatten wir in der Stadt die Sammlung für das Fest des heil. Michael nicht gehalten wegen der Ankunft der bayerischen Soldaten.

3. Dezember. Auf Befehl des Churfürsten erhielten wir 6 Gulden Beitrag zum Rorate.

An diesem Tag zog der Churfürst mit der Churfürstin von hier ab nach Ingolstadt.

1703. Januar. Der Anfang dieses Jahres war nicht sehr glücklich, weil überall in den Städten und Dörfern ringsum Militär lag, weshalb die Getreidsammlung spärlich ausfiel.

In diesem Jahre unterblieb auch wegen der Quartiere die Bürgermeisterwahl und wurde der bisherige Bürgermeister David Müller bestättigt.

17. Januar. Zog von hier der Herr Commandant Wunderle ab, der dem Convent 6 Gulden schenkte.

1703. 8. Juni kam General Villars mit dem französischen Heere zu 5000 Mann, welches zwischen Gundelfingen und dem Dominikanerkloster Medlingen Lager schlug.

13. (15.) Juni. Kamen 2 Regimenter Bayern, welche sich mit den Franzosen vereinigten.

16. Juni starb hier im Gasthaus zur Sonne der edle Herr Gabriel Dessuleau Hauptmann der Artillerie in der Armee des Marschall Villars. Er wurde in unsrer Kirche begraben neben der Mauer beim Altar des heil. Nikolaus von Tolentin. Er gab für Begräbniß und Messen 21 fl. 5 Batzen. Er ruhe in Frieden.

22. Juni haben die Franzosen ihr Lager mutirt und zwischen hier und Dillingen aufgeschlagen, auch angefangen, dasselbe zu fortifiziren, eine Linie und Schanzen an dem Zwergfluß von hier bis Hausen und von da bis Dillingen zu ziehen, die Gärten um die Stadt zu verwüsten und alle Bäume abzuhauen.

30. Juni. Seindt die kaiserlichen Völker ankommen, das Lager erstlich bei Brenz geschlagen, drei Tag allda verblieben.

3. Juli. Mutirten die Kaiserlichen ihr Lager von Brenz bis Haunsheim, erstreckt sich dasselbe bis Kloster Medlingen (Medingen?) in die Länge, an der Breite bis Dischingen; das Hauptquartier war in Haunsheim im Schloß.

7. Juli wurde in unserer Kirche ein Rittmeister des veronesischen Regiments begraben, welcher für Begräbniß und Messen 22 fl. gab.

(Kommen häufig Begräbnisse von französischen Officieren und Soldaten, die an ihren Blessuren starben, vor.)

21. Juli haben wir nach langer Protestation doch mit aller

Gewalt 2 kranke Franzosen ins Quartier nehmen müssen, item einen Baron von Segmann mit einem Lieutenant sammt Knechten 8 Personen.

1703. September. Ist das Feld bei Faimingen wegen des dortigen Lagers sehr verwüstet gewesen.

11. September. Ist hier in dem Hause eines pistoris prope pulam danubii wegen Unvorsichtigkeit der Franzosen ein Brand ausgebrochen, der von Abend 5 Uhr bis 9 Uhr vier Häuser einäscherte.

17. September Sind die Kaiserlichen in ihrem Lager aufgebrochen, in der Nacht gen Donauwörth abmarschirt, nachdem sie ihr Lager und aufgeworfene Schanzen angezündet und verbrennt.

20. Septbr. Ist ein Treffen zwischen den Franzosen, Bayrischen einerseits und Kaiserlichen anderseits vorbeigegangen bei Mörslingen (zwischen Oberglauheim und Höchstädt), es hat in dieser Aktion General Styrum kaiserischer Seits fast alle Stück und Munition verloren, auch nach erhaltenem Succurs durch Churbayern haben die Franzosen alle Kaiserlichen in die Flucht getrieben, eine große Zahl der Kaiserlichen ist geblieben und sind auf die 4000 Mann gefangen worden. (Vergl. hieher Mittermair Sagenbuch Band I. Seite 110 und 111.)

1703. September 22. Plünderten die Franzosen alle umliegende Ortschaften, wo vorher Kaiserliche waren, als Kloster Medlingen, Haunsheim, Bechingen, Wittislingen, Kloster Möbingen ꝛc. und haben ohne Rücksicht (respectu) geistlich und weltliche Personen bis auf's Hemd entblößt und ausgezogen.

Dezember. Wurde auf Befehl des Herzogs von Pfalzneuburg die Erhebung und Aufnahme des Kriegsschadens angeordnet. Das Kloster taxirte seinen Schaden an Früchten ꝛc. auf 1161 fl.

Um diese Zeit grassirten verschiedene Krankheiten und Viele starben in der Stadt. Vom Fest St. Johann Baptist an bis Dezember betrug die Zahl der Todten außer den Franzosen und Bayern 342, deren Seelen in Frieden ruhen mögen.

1704. Januar. In diesem Monat starben 54 Personen in der Stadt.

Febr. In diesem Monat starben 63 Personen. in der Stadt.

Juni. In diesem Monat ist schier ganz Faimingen von der dort gestandenen französischen Armee destruirt worden, hat auch öfters kein Gottesdienst gehalten werden können.

(2. Juni 1704 griffen die alliirten Kaiserlichen und Engländer das verschanzte Lager der Bayern und Franzosen am Schellenberg bei Donauwörth mit überlegener Macht an und

flegten, jedoch verloren und vermißten auch die Sieger bei 5000 Mann und eine beträchtliche Anzahl vornehmer Officiere.)

August. Nachdem zu Augsburg am 18. Juli die Vereinigung der Franzosen unter Tallars mit dem bayr. Heere Statt gefunden, kam am 10. August das ganze Heer mit dem Churfürsten zu uns und blieben bis

11. August. Hier im Kloster war einquartiert ein französischer General, Namens Graf von Boury mit 30 Personen Gefolge und Dienerschaft, so daß man weder in der Küche kochen noch im Refektorium essen konnte.

12. August. Morgens um 3 Uhr zog das Heer von hier ab gen Nördlingen. Gestern und heunt hörte der bayr. Churfürst die Messe in unserer Kirche.

13. August. Eine große Schlacht wurde geschlagen zwischen den Kaiserlichen und Franzosen bei Höchstädt. Viele Franzosen und Bayern wurden getödtet und verwundet. Von den letztern fiel von einer Kugel getroffen der ausgezeichnete General Sampfre, bayr. Graf, der am

14. Aug. neben dem größern Altare bei uns beerdigt wurde. Wir erhielten für Begräbniß und Messe 37 fl.

Heut verließen die Franzose unsere Stadt um neun Uhr Abends, zündeten die Donaubrücke an und verbrannten die Mühlen daselbst.

Nach der Schlacht sind bei uns drei blessirte Franzosen einlogirt worden, deren einer am 20. an seinen Blessuren gestorben, ligt begraben im Kreuzgang gegen des Lammwirths Scheuer.

1704. September. Nachdem die Kaiserlichen die Stadt Ulm belagert und den 9. dies den ganzen Tag beschossen, haben sich die Belagerten mit Akkord ergeben, daraus den 13. der Auszug geschehen und den Kaiserlichen die Stadt von den Franzosen und Bayern übergeben wurde.

November. Wurde auf Befehl des Herzogs von Pfalzneuburg der Kriegsschaden erhoben. Die Augustiner taxirten den ihrigen auf 1615 fl. obwohl sich die Summe höher belaufen.

1707. Juli. Weil dieser Zeit die französische Armee unter General Villars sich auch bis in unserer Nachbarschaft sehen läßt, also ist von Ihrer fürstlichen Durchlaucht Bischof von Augsburg befohlen worden, allen Geistlichen ihre Pfarrbesoldung auf zwei Jahre antecipando zu geben.

1707. Juni. Wegen der herumschwärmenden Franzosen wurden die Klosterfrauen zu Maria Medingen gezwungen, ihr Kloster auf einige Zeit zu verlassen und sich einige Tag in ihrem eigenen

Haus (Schlößle?) sich aufzuhalten, während welcher Zeit sie den Augustinerklostergottesdienst besuchten.

1707. 25. November sind drei Soldaten, die desertirt, aber wiederum attrapirt und in den Hofthurm eingelegt worden, aber daraus ausgebrochen, früh 4 Uhr für die Pforte als hieher in die Freiheit kommen. Sie blieben bis 2. Dezember, obwohl sie die Officiere mit aller Gewalt aus dem Kloster bringen wollten. Den 2. Dezember hat Herr Lieutenant einen schriftlichen Pardonschein von Herrn Hauptmann gebracht, weshalb sie dann aus dem Kloster gelassen worden. (Litteras pro majori securitate in futurum hic apponere volui.)

(Es war das Kloster ein Asyl und unzugänglich für Verfolgung.

1713. November grassirte eine ansteckende Krankheit in der Nachbarschaft, namentlich in Wertingen.

1717. 26. Jan. Ulma descendedant tribus navibus milites Würtembergenses ad 300 Hungariam versus (Rekruten), inter quas una navis valde depravata una hora ab hier naufragia passa; interiere 46 milites exceptis mulieribus parvulis et aliis hominibus, qui ad milites non spectabant.

(Am 26. Jan. 1717 kamen auf 3 Schiffen Soldaten (Rekruten, Altwürtemberger) um nach Ungarn zu ziehen, von welchen ein schlechtgebautes Schiff 1 Stunde von hier, doch innerhalb des hiesigen Burgfriedens Schiffbruch litt; außer Weibern und Kindern und Civilisten ertranken 46 Soldaten. (Diese Soldaten waren von dem k. k. Regiment Altwürtemberg).

Zum Vergleich lassen wir den Auszug aus einem anderweitigen Tagbuche folgen:

Als den 19. Oktober 1702 die Besatzung unter dem Husarenoberst von Loß, welche gegen 300 Mann bestanden, von den churbayr. Truppen ausgetrieben und beregte Truppen das Nachtquartier allhie auf 1000 Mann zu Fuß und 700 Mann zu Pferd gemacht, haben sich daraufhin den 20. dies ihre churfürstliche Durchlaucht zu Bayern in hoher Person mit ihren Generälen und völliger Armee, so in 18 bis 20,000 Mann bestunde, hieher erhebt, vor dero höchste Person das Quartier in der Kaiserschen Behausung (modo drei Mohren), die Generäle aber in denen Wirthshäusern und übrigen bürgerlichen Häusern genommen und die Armee hat vor dem Brüderthor das Campement bis an Hausen allwo alle Häuser mit hohen Officieren angefüllt worden, geschlagen.

21. Oktober völliger Rasttag.

22. Oktober ist die völlige Armee um 8 Uhr aufgebrochen und gegen Ulm maschirt, welcher auch sogleich Ihre churfürstliche Durchlaucht gegen 9 Uhr gefolgt und hiesige Stadt und Commando Herr Oberstwachtmeister Wunderlich mit 500 Mann zu Fuß und 60 Mann zu Pferd besetzt.

(NB. Von der Armee ist bei der Stadt und Dorfschaft Hausen an Gärten, Saamfelder, Heu, Holz und Stroh der Schaden auf etliche Tausend Gulden zu beklagen.)

14. November ist Herr Oberst Costa mit 10 Compagnien zu Pferd über Nacht bei den Bürgern einquartiert und verpflegt, aber an keinem Ort nichts bezahlt worden.

23. November ist obiges Regiment abermals einquartirt worden.

27. November seind Ihr churfürstliche Durchlaucht in Bayern sammt dero Hofstaat und 1 Compagnie Hartschier von 120 Mann einquartiert worden.

28. November ist Seiner churfürstlichen Durchlaucht Frau Gemahlin Nachts um 10 Uhr auch mit dero Hofstaat ankommen.

2. Dezember. Der Churfürst mit Gemahlin fort.

17. Januar 1703 kam an des Commandanten Wunderlich's Stelle Herr Baron von Thumb.

2. Mai 1703 sind Ihre churfürstliche Durchlaucht in Bayern zc. mit der Armee hiesiger Stadt vorbei nach Brenz marschirt, die Wagenburg ist in die Stadt dahier eingerückt, hat Proviant und Haber geladen, wozu in die 60 Pferd Vorspann verschafft werden müssen.

Den 3. Mai ist Herr Obristwachtmeister de Guardie mit 4 Compagnien hier in das Quartier gerückt.

18. Mai 1703 unter dem Obristwachtmeister Cano 2000 Mann übernacht, auf dem Wasser ankommen, welche über der Donau campirt und mit Fleisch, Bier, Brod, Holz und Heu versehen werden müssen.

23. und 24. Mai sind die churbayerischen Truppen auf der Donau herunter und vorbei passirt.

25. Mai seind die Franzosen zu 2 Regimenter in 36 Schiff und Flössen herunter und vorbei passirt.

9. Juni 1703 ist die französische Armee hier eingerückt und das Hauptquartier über Nacht in der Stadt allhier gewesen.

10. Juni ist solche ausgerückt und das Campement nach Gundelfingen geschlagen.

13. (15.) Juni seind zu der französischen Armee noch 2 Regimenter churbayerische Curassier eingerückt und ihr Campement a parte nächst Faimingen geschlagen.

30. Juni ist die französische Armee bei Gundelfingen aufgebrochen und das Campement zwischen hier und Dillingen geschlagen und gleich an dem aufgeworfenen Tranchement*) zu arbeiten angefangen, wobei auch hiesige Stadt wiederum voll mit gesunden und kranken Officieren angefüllt worden.

2. Juli ist die kaiserliche Armee nächst Wittislingen angerückt.

6. und 7. Juli sind um hiesige Stadt alle Gärten ruinirt, die Hecken und alle frucht- und unfruchtbare Bäume abgehauen worden.

16. August wird angeschafft, in das Tranchement zu Hausen täglich 2 Wägen Holz zu liefern und ist damit in 4 Wochen continuirlich geschehen.

---

*) Tranchement, Laufgräben. Tranchement heißt noch heute ein Feld zwischen hier und Hausen und scheint die Bezeichnung von daher zu kommen.

23. September ist die französische Armee bis auf einige Hundert Reiter von hier ausgerückt. Letztere sind ihr nachgefolgt.

Die von den kaiserlichen eroberten Stück haben meistens mit hiesigen Pferden nach Ulm abgeführt werden müssen.

Zum Commandanten ist allhie Monsieur Robert mit 500 bis 600 Mann Franzosen eingesetzt worden.

13 September sind alle Wägen und Pferd von der Stadt mit Commis nach Ulm und von dannen zur Armee zu fahren verschafft worden.

Es folgen nun von Tag zu Tag Einquartierungen und Durchmärsche namentlich Reiterei. Dann am

20. Juni 1704 seind beide churbayerische und französische Armeen wiederum angerückt und per 4 Tag allhie durchpassirt.

24. Juni ist wiederumb ein Regiment eingerückt.

10. August 1704 seind wiederumb beide königl. französische u. churbayerische Armeen allhie durchpassiret und hat sich dero Lager von Gundelfingen bis nach Steinheim erstreckt.

12. August seindt beide Armeen aufgebrochen und haben sich unterhalb Höchstädt gelagert.

13. August. Darauf ist selbiger revier das kaiserlich (österreichische) Seits glückliche Treffen erfolgt, wobei die Franzosen und Churbayerischen totaliter geschlagen und sich mit wenig Mannschaft und Bagage über die Donau allhier salvirt.

14. August Nachts zwischen 10 und 11 Uhr ist die allhier gebliebene französische Garnison abmarschirt und hat hinter sich die Donaubruck und daran gestandene Mühlen in Brand gesteckt und totaliter niedergebrennt. Bei dieser Gelegenheit haben sie 3 neue Glockenseile von den Glocken der Pfarrkirche genommen und zu den Schiffbrücken verwendet, ferner haben sie das Geländer um den Oelberg alles verbrannt.

Als Resumé ergibt sich, daß die churbayerische Armee vom 20. Okt. 1702 bis 15. August 1704 d. i. bis nach der Schlacht bei Höchstädt in und um Lauingen verweilte.

Im Jahre 1707 reisten Herr Hofrath Syndicus Kuehn und Leonhard Six Senator als Deputirte des Raths nach Düsseldorf um beim Herzog für die während des Successionskriegs erlittenen Schäden für die Stadt einige Vortheile zu erringen; namentlich strebten sie Steuerfreiheit an auf einige Jahre insbesondere für diejenigen, welche auf den öden Hausplätzen in der Stadt wieder Gebäude aufführen oder sich in die Bürgerschaft einkaufen wollten, Errichtung eines zweiten Marktes (Fastenmarkt, was ihnen auch zugestanden wurde) und Einführung des Salzhandels.

Diese beiden Deputirten brachten in ihrer Vorstellung insbesondere vor:

„daß während des Lagers von dem Feind rings um die Stadt alle Obstgärten vernichtet, die Obstbäume totaliter niedergehauen, drei Jahre nacheinander alle Früchte und Futterage weggenommen, das ganze schöne Dorf Hausen — so zur Stadt gehörig — bis an die Kirch völlig abgebrochen worden, die zwei

Riebhaufen völlig ausgeplündert worden, Aecker und Wiesen durch Schanzen und Laufgräben ruinirt, von Freund und Feind alle Pferd und Rindvieh weggenommen worden und als man anderes gekauft, dasselbe durch nachher grassirende Lungenseuche zu Grunde gegangen, über 30 Stadtgebäude und die Stadtmauer theilweise ruinirt, die kostbare Donaubrücke sammt den Mühlen, die daran gestanden, zusammt noch andern 5 Gebäuden völlig abgebrannt seien, aller Handel und Wandel darniederliege. Der Schaden durch die erlittenen Verlurste berechne sich bei der Stadt auf wenigstens 400,000 fl. Dazu kommen die Opfer bei den Quartieren der kaiserlichen und alliirten Truppen, die ohne das, was die Bürger privatim geben müssen, sich auch über 12,000 fl. berechnen. Zudem habe die Stadt eine Schuldenlast von 40,000 fl. und während der Kriegszeiten nichts von den Unterthanen erhalten.

Schließlich fügen wir noch die Reisekostenrechnung des Syndicus Kuhn nach Düsseldorf an.

	fl.	kr.
Im Hinabreisen von Lauingen mit 3 Pferden bis Werthheim, dann zu Wasser bis Köln und dann von Düsseldorf bis Köln verzehrt mit Pferd und 3 Personen (von Werthheim bis Düsseldorf 2 Personen)	50	36
Des Schanzkorbs Knecht mit heimgeben	8	—
Trinkgeld	1	—
(Kuhn und Leonhard Sir schickten in Werthheim den Knecht mit den Pferden, wie zu entnehmen, heim, um die Reise auf dem Rhein zu machen).		
Zu Düsseldorf an unterschiedlichen Orten verzehrt und in die Kanzlei geben auch Schreiberlohn bezahlt	63	32
Vor zwei Zimmer, Bett, Holz, Licht nämlich: Vor Herr Sixen Zimmer 5½ Wochen lang à 3 fl. die Woche	15	—
Der Magd Trinkgeld	1	—
Vor das andere Zimmer 14½ Wochen, Holz, Bett, Licht	35	—
Trinkgeld	2	—
Den Mägden Trinkgeld	3	—
Für Waschen	4	—
Balbirer	3	—
Schifflohn von Werthheim, allwo wir ein eigenes Schiff bis Frankfurt gedinget, bis Cöln ausgelegt sammt Trinkgeld	18	30
Von Köln auf dem Postwagen 1 Person 46 Stüber	2	18
Trinkgeld beiden Postillons	—	30
Herrn Sir in Düsseldorf geben	6	—
Zur Heraufreise	54	—
Zu Düsseldorf nebst Herrn Sir, so 5 Wochen allda gewesen, so zusammen macht sammt den meinigen 136 Tagen, wobei zu Zeiten ein und anderer, dessen man nöthig gehabt, mit einem Trunk beehrt worden, verzehrt	296	—
Im Heraufreisen vor den Paß geben	2	—

Vor Post und Fuhrlohn von Milen bis Mannheim für mich und Herrn Seser	56 fl. 48 kr.
Von Monheim Post nach Neuburg	5 „ —
Von Milen bis nach Neuburg mit Herrn Seser, ohne was er ausgelegt verzehrt sammt unterschiedlichen Trinkgelder	22 „ 20 „
Dann an dem Geld verloren, worunter anstatt guter Dukaten 1 falscher und 1 Goldgulden dabei, ehe mehr als weniger	22 „ —
Da krank gewest — in die Apothek geben und sonst unterschiedliche Mittel	3 „ —
Postgeld	2 „ 15 „
Summa Summarum	680 fl. 1 kr.

Wobei aber der Recompense ratione der gehabten Strapazen, Gefahr, Bemühung, Verschleißung der Kleider noch vorbehalten wird.

Johann Baptist Kuehn
Syndicus und Hofrath.

Nach dem Abzuge der Armeen nach der Schlacht bei Höchstädt August 1704 finden wir hier aktengemäß:

1705. Werbungen und Verpflegung pfälzischer Truppen unter Oberstlieutenant Beysele.

1705. Sachsenmeiningsche Quartiere.

1705—1707. Issellbachsche Quartiere und Werbungen.

1705—1710. Kaiserliche und französische Contributionen, Quartiere und Durchmärsche.

1706. General Spiegelsche Quartiere. Die Quartierkosten des General Spiegelschen Regiments entziffern sich auf 501 fl. 47 fl., woran Hausen mit 104 fl. participirte. Von den abgegebenen 5 Schaff Haber ist der Metzen zu 18 kr. angeschlagen. General Spiegel logirte im goldnen Rössel bei Marx Schropp. Es erscheinen aufgeführt 6 Kutscher, 1 Laufer, 1 Koch, 2 Lakaien, mehrere Leibjäger, Reitknechte, Kammerbiener, 1 Apotheker, 1 Doctor, Chirurg ꝛc.

1707. Pfälzische Lindenfelssche und Schallardsche Werbung. Einquartierung der Rekruten.

1709—1710. Auswahl des 50sten Manns.

1711. Quartiere des churpfälzischen löblichen Graf Effernschen Leibregiments.

1710. Verpflegung des churpfalzbayerischen Garbegrenadier-Regiments.

1712—1718. Der kaiserlichen und Alliirten Märsche uud Nachtquartiere.

1712. Quartier der sächsischen und gothaischen Rekruten.

1713. Verpflegung des churbayerischen Baron von Spedschen Regiments zu Pferd.

1714—1724. Verpflegung churpfälzischer Baron von Speck- und Frankenbergscher reducirter Officiere.

1715. Verpflegung des churpfalz Baron von Möhrbachschen Stabs zu Pferd.

1715. Abrechnung wegen der Max Stahrembergschen Regimentskosten.

1751—1758. Werbungen.

1726. Conscription der ledigen Mannschaft zu Lauingen, Hausen und beiden Riedhausen.

1724. Quartier für 60 Mann churpfälzischer Baron von Buchenwitzschen Infanterie.

Der österreichische oder bayerische Erbfolgekrieg.
1740 — 1745.

Nach einem Vertrage von 1546 sollte, wenn der männliche Stamm des Hauses Oesterreich aussterben sollte, dem Hause Bayern die Erbschaft der österreichischen Lande von Rechtswegen gebühren.

Als nun mit Kaiser Karl VI. der Mannsstamm des Hauses Habsburg (1740) zu Grabe gegangen, erhob Churfürst Karl Albrecht von Bayern seine rechtmäßigen Ansprüche auf Oesterreich. Nun sollte Jedermann wohl denken, das hätte keine Schwierigkeiten gehabt, allein die einzige Tochter Karl VI., Maria Theresia, behauptete die Nachfolge in dem Besitz der Länder ihres Vaters und als man von Seiten Bayerns sich auf den Vertrag von 1546 berief, welcher die weibliche Nachfolge, also auch die Maria Theresias ausschloß, brachte man in Wien die österreich. Urkunde des Vertrags von 1546 in Original bei und darin lautete Alles von Wort zu Wort gleich wie im bayr. Exemplare mit Ausnahme eines einzigen Wortes; hier stand nämlich statt der „männliche" Stamm: der „ehliche" Stamm!!! —

Um dieses einen Wortes brach nun ein offener Krieg zwischen Bayern und Oesterreich aus. Auf Seite Bayerns standen die Franzosen als Hilfsvölker. Abermals sah Bayern die österr. Heere, dießmal jedoch nicht als „kaiserliche, sondern als kgl. hungarische". Maria Theresia hatte als Königin von Ungarn die Magnaten dieses Landes für sich gewonnen und diese sendeten nun ihre ausgesuchtesten Leute, die Kroaten, Warasdiner, Tolpatschen, Heiducken, Panduren und anderes Gesindel in die bayerischen Lande zum Schrecken aller derjenigen, die irgend etwas besaßen. Plünderung und Brandschatzung war die Losung dieses Volkes.

Wir beschränken uns auf das, was für Lasten das Herzogthum Neuburg und mit ihm die Stadt Lauingen während dieses Krieges zu tragen hatte.

Ueber die Contributionen, Vorspann und Brandschatzungen liegen Akten und Register vor unter der Ueberschrift: „Königl. hungarische Contribution."

Die Franzosen waren zwar als Hilfstruppen auf Seite des bayerischen Churfürsten, allein auch von diesen hatte die Stadt und das Land zu leiden. Sowohl die Ungarn als die Franzosen hatten Feldlager um die Stadt und im Schlosse befand sich ein Verpflegsmagazin.

Die Akten enthalten fortwährenden Jammer über Lieferungen, Brandschatzungen, Quartiere, Lazarethkosten, Viehfall, Mißwachs. In Folge der Quartiere entstanden hitzige Krankheiten, Seuchen und Sterben, so daß hundert von Waisen, wie es wörtlich heißt, den Verlust ihrer Eltern beweinten. Ins Lazareth mußten arme Bürger ihr eigenes Bett hergeben. Allseitig Klag und Jammer über Noth und Elend. Auf dem Rückmarsche der Panduren 2c. vom Rhein 1744 campirten diese vor der Stadt und die umfangreichen Akten verbreiten sich über erlittene Beschädigungen und Verwüstungen auf den Feldern. Die Husaren ritten das stehende Getreide zusammen und banden ihre Pferde an die Getreidstöcke in den Städeln. Die Panduren raubten und brachen in Keller 2c. Es liegen von den einzelnen Bürgern specielle Liquidationen über Lieferungen, Erpressungen und erlittenen Schaden an Feldern vor. Zur Abfuhr des Lazarethes wurden 38 mit je 4 Pferden bespannte Wagen von der Bürgerschaft durch die Truppen requirirt.

Vom Jahre 1745 finden wir ein Verzeichniß „Hungarische Kriegscontribution", was der Stadt Lauingen Inwohner zu der von Herrn Obersten Menzel exequirten halben Exekutionsquanto à 25,000 fl., wovon hiesiger Stadt — eingerechnet das Dorf Hausen — 5454 fl. 27 kr. zurepartirt worden, hieran jeder insonderheit beigetragen und wirklich baar erlegt:

Herr Georg Amos 70 fl.
Frau Bürgermeister Bäuriu 500 „
Herr Christoph Rögeb 100 „
Herr Anton Baur 300 „ 2c.

1745 wurde die hier gestandene pfälzische Besatzung durch die Oesterreicher gefangen genommen.

Ueber die Contributionen des Herzogthums Pfalzneuburg sowohl als in specie über die der Stadt Lauingen lassen wir die vorliegenden Verzeichnisse abgedruckt folgen:

Summarischer Renner

Ueber all, und jede Von dem Herzogthumb Neüburg ab Anno 1742 bis gegenwärthiges 1746stes Jahr an die kaiserl. königl. kriegs Völcker ausgezahlte Contributions- und andere Von diesen erpreste paare gelter, abgegebene naturalien, beygeschaffte Vorspann, dann sonsten erlittene Fouragierung, und ausgeübte Excesse.

	Laut Haupt- und Generaltabell			Quittirt.	
Contributions Gelter.	Paarer erlag	746022 „	33½		
	Durch angenommene Conscriptiones	90960 „	54 —		
Wünterl. Verpflegungs- gelter.	Zur kayserl. administration	5111 „	10 —	836991	27½
	Ad cassam militarem	199799 „	16 —		
	An die Regimenter selbsten	88517 „	27¼	293428	1¾
Pro fundo Camerali	Zur administration			24500	—
20½	schaff waizen à 36 fl.	738			
480304½	port. Brod à 5 kr.	40025 „	22½		
47495 „	Ƶ Fleisch à 6½ kr.	5145 „	17½		
47495 „	Maaß Bier à 2½ kr.	1978 „	57½		
586617 „	port. haaber à 10 kr.	97769 „	30 —		
796936 „	port. heü à 6 kr.	79693 „	36 —		
45446 „	Bund stroh à 4 kr.	3029 „	44 —		
1312 „	Claffter holz à 3 fl.	3938 „	15 —		
	Vorspann	5408 „	50 —	237727	32½
				1392647	1¾

		Unquittirt.	
		fl.	kr.
	Douceurs Vor die HH. ober officiers	112830	52¾
	Diesen Verrichte naturalien an holz und licht	33507	51¾
	Abgegebene Fourage	46621	24¼
	In gelt bezalte Hausmannskost	29399	42¾

	Unquittirt.	
Erpreßte gelter Von benen unter officiers und gemeine	88052	40 —
Verpflegung yber die ordonanzgebühr	600467	26 —
Gethrayd und Fourage lieferung	141191	50 —
Verreichte leinwath zu hembter hosen ꝛc.	14753	45 —
Auf das Hospital und Fortification	1754	30 ³/₄
Als vacante portionen und vor die Recrouten bezahlt	5626	8 ³/₄
Entrichtete Exelutions gelter	26072	37 ³/₄
Fouragierungen, blinderungen, und andere Excesse	496329	30
Vorspann	144126	5 ¹/₄
unquittirt	1740733	50
quittirt	1392647	1 ³/₄
Summa Summarum	**3133380**	**51 ³/₄**

Neüburg den 10. Juny 1746.

Designation

Der an fürgebaurter Kriegszeit Hindurch ausgeschriebenen und Eingebrachten Brand-Contributions Steyren und Anlagen bei der Statt Laugingen

	fl.	kr.	hl.
In Annis 1742. et 743. 4¹/₂ Königl. Hungar. brand Steyren	17897	36	2
In Anno 1744 widrumben 4¹/₂ Königl. Hungar. brand Steyren	17887	37	⁵/₈
In Anno 1745 Königl. Hungar. Ingolstatter lifferungsanlag	11358		2
In d. a. Königl. Hungar. Contributions Steyren	23506	46	—
	60650	58	2¹/₂

	fl.	kr.	hl.
Vorige	60520	58	2¹/₃
In Anno 1745 general Bernklauische Halbe Steyrsanlag	1730	9	⁴/₃
In d. a. general graf Bathyanischen tragoner Regiment Staabs Mundt Verpflegungs Halbe Steyrsanlag	1705	—	1
In Anno 1746 general graf Bathyanische Mundt Verpflegungs 32 tägige anlag	1506	30	6²/₃
In d. a. Oberbaurfche 3 Anlagsfristen	2160	—	—
Seiner Hochfürstl. Durchl. Prinz bürckhenfeldschen Bataillons quartiers Anlag	364	—	—
Summa	67986	38	2²/₃

Ueber die Brandschatzung unter Pandurenoberst Babocay theilen wir folgendes Specielle mit:

General Bernklau forderte von hiesiger Stadt eine Brandschatzung von 20,000 fl.

„Den 14. Sept. 1744 als in festo exaltationis St. crucis zwischen
„10 und 11 Uhr kommt der wegen längerer Terminausbittung der
„Brandschatzungsbezahlung nach Neuburg abgeordnete Titl. Herr
„Stadtvogt Deindel mit dem zugegebenen Bürger Antoni Holl zurück
„und referirt sogleich dem eben allhier anwesenden Herrn Landvogt-
„administratoren Tautphöus zu Höchstädt, daß er den Termin nit
„länger als auf 2 mal 24 stund prolongirt erhalten, er wolle ein sol-
„ches dem sogleich convocirten Rath auch hinterbringen, damit man
„unverzüglich um's Geld sich bewerbe, falls bie den 12. Sept. schon
„nach Augsburg mit 6 Wägen Faustpfändern abgeordnete Burger,
„benanntlich Antoni Baur Handelsmann, Joh. Marx Schropp Wein-
„gastgeber, dann Antoni Mang Lebzelter und Caspar Baur auch
„Handelsmann nicht hinlänglich Credit erhalten möchten; es war
„aber der zusammenberufene Rath noch nicht erschienen, da kam von
„dem Donauthor die Nachricht, daß sich onweit der Stadt 4 bis 500
„Mann k. ungarische und böhmische Husaren sehen lassen, worauf
„man dann sogleich nichts gutes prognosticirt, auch in der That er-
„fahren hat, daß kurz hiernach ein Croatenrittmeister mit einem
„Commando der Stadt sich genähert und um dem Platz, wo die am
„7. elapsi gestandene königlichen Wägen gewesen, umgefragt, vor-
„gebend, es werde an solchen ein Observationscorps von 6000 bis
„7000 Mann zu campiren kommen, wir hätten aber hiebei ganz
„nichts zu fürchten, sondern nur allein das benöthigte Brod und
„Fourage gegen Quittung herbeizuschaffen, auch für die Titel Herrn
„Officiere bequemlich Quartier zu bestellen; der commandirende
„Oberst werde mit seinen Truppen gleich nachfolgen; man sollte ihm

„indessen nur die Stadtthorschlüssel einhändigen, indem er diese Thore
„gleich besetzen müsse, sobann auch geschehen und kurz darauf Nach-
„mittags gegen 1 Uhr ist Titl Herr Oberst von Babocay mit seinem
„Commando in circa 400 bis 500 Mann stark auch wirklich einge-
„rückt und hat seine unterhabende Mannschaft in das alte campe-
„ment postirt„ sich selbsten aber bei dem guldenen Rössel einloschirt,
„dem dann sogleich der hier anwesende, nicht mehr zur Stadt hinaus
„gelassene Titl. Herr Administrator Tautphoeus von Höchstädt sowohl
„als hiesiger Stadtvogt, Zoll = Umgeld und Steurbeamte Hr. Deindl,
„dann unser Rechtsconsulent Titl. Jung die schuldige Aufwartung
„gemacht und sich beanfragt, was des Titl. Herrn Obristen sein Be-
„gehren und Verlangen seie, der dann die Antwort ertheilt, daß er
„auf einige von Freyburg herabkommende Panduren und Husaren-
„mannschaften zu warten habe, mithin man auf diese mit Brod und
„Fourage denn hinlänglich antragen müsse, worauf man sich dann
„den Etat oder Statum ausgebeten, um die Ausschreibung darnach
„machen zu können; es wurde aber öfterm urgiren ungeachtet, dieser nicht
„ertheilt, auch auf wiederholt gemachte Aufwartung von einer Brand-
„schatzung kein Jota gemeldet; da aber die Zeit allgemach verfließen
„wollte, daß man die Bestellung zur nöthigen lieferung machen und
„ausschreiben sollte, hat man den schon gedachten Etat oder Statum durch
„obgemelten Herrn Stadtvogt Deindl wiederholt sollicitiren lassen.
„Endlich aber hat oben schon wohlgedachter Titl. Herr Oberst von
„Babocay Abends zwischen 5 und 6 Uhr mehrgemelten Herrn Stadt-
„vogt, dann den Bürgermeister und Rathsconsulenten zu sich beru=
„fen und da dieser erschienen, erst alsdann auch den Herrn Admini-
„stratoren kommen lassen und einen Etat auf weitere 2000 Portkonen
„und rationen hergegeben und da man dann hierüber eine schleunige
„repartition gleich in einem Nebenzimmer verfassen wollte, auch wirt-
„lich repartirt hat, laßt hochgedachte Herr Obrist anfänglich unsern
„Rathsconsulenten Titl Jung zu sich hineinberufen und producirte ihm
„eine von Titl. Herr General v. Berntlau's Excellenz ausgestellte
„und subscribirte Ordre, kraft deren er (Titl. Hr. Oberst) von hiesi-
„ger Stadt 20,000 fl. Brandschatzung abfordere, hiezu 3 Stund Ter-
„min anberaume, nach deren fruchtlosen Verlauf er ein Stund plün-
„dern lassen und so weiter einen kurzen Termin zur Abrichtung des
„begehrenden Quanti präfigiren, in weiterm mangel aber die Stadt
„plündern und abbrennen lassen sollte, worauf dieser, und die wei-
„ters dabei gewesste Herr Tautphöus, Stadtvogt Hr. Deindl
„Bürgermeister Schreiner in ungemeiner Furcht und Schrecken con-
„stituirt die Unmöglichkeit und daß man bereits einige Deputirte so-
„gar mit Faustpfändern nach Augsburg um Gelder aufzubringen
„abgeschickt habe vorgestellt, mithin um längern Termin, und
„diese ankommen möchten, mit all bemöglichen Terminis suppli,
„auch endlich der Termin bis Mitternacht prolongirt, sogleich aber
„der Rath und die ganze Bürgerschaft zusammenberufen und dieser
„so schreckenvolle emergens proponirt, auch jeder in specie ange-
„mahnt wurde, zu Abwendung dd bedrohten Unglücks auf den letzten
„Heller zusammenzuschießen, welches dann auch die ganze Nacht hin-
„durch dergestalt geschehen, daß sowohl Reiche als Arme ihr äußer-
„stes, gethan; ja es war kaum ohne blutige Thränen anzusehen, wie

„sogar die Bettelleut die ostiatim (vor den Thüren) ersammelten
„Heller und Pfening in ihren Bettelbüchsen unter entsetzlichem Heulen
„und Wehklagen auf das Rathhaus brachten, wie alle Pupillen-
„Almosenpfleg- und Kirchenschrein ausgeleert, die deponirten Gant-
„und andere Gelder zur Brandschatzung applicirt, ja sogar die an
„denen Rosenkränzen gehangenen Gold- u. Silbermedaillen abgelöst und
„contribuirt wurden, also zwar, daß dem bei dieser Einnahme zugegen-
„gesessenen Titl. Herr Rittmeister Freyhr. v. Marchall selbst das Herz
„vor Mitleiden in nicht geringer Compassion gebrochen ist, der je-
„doch aus christlichem Mitleiden die Stadt immer getröstet, daß es auf
„die angedrohte Extremitaet ganz nit ankommen werde; da man aber
„hierauf zu bauen ganz nit getraut, auch der gegebene mitternäch-
„tige Termin als zu kurz war, als daß man die anverlangte quotam
„menschmöglich beibringen konnte, haben die hiesigen Hr. Geistliche,
„dann Beamten und Frauen um weitern Termine anzuflehen sich zu
„Titl. H. Obrist begeben, der aber ungeachtet alles Bitten Niemand außer
„die Consulentin Jungin vorgelassen, welche dann mittels gehaner
„einem Weib möglichen Vorstellung und zweier Fußfällen den Ter-
„min bis den andern Tag auf 9 Uhr Vormittag erhalten, da dann
„die Nacht hindurch auf schon gemelte Art man endlich 8229 fl. 33 kr.
„zusammengebracht, erpreßt und ausgeleeret auch zur Uebergab zu-
„sammen in Säcke und Paquet gerichtet hat, wo dann in der Früh
„zwischen 6 und 7 Uhr ein von unsern indessen von Augsburg in
„Dillingen angelangten Deputirten abgeschickter Expresser nämlich der
„hochfürstl. Augsburgsch. Hofkammerrath und Kasernverwalter Titl.
„Hr. Müller ankommen und einen Wechsel à 6000 fl mitgebracht,
„mit welchem er sammt dem Stadtvogt, Rathsconsulenten, sich zu Hr.
„Obrist verfügte und den Wechsel präsentirt ꝛc. (welcher später in
„Dillingen ausgelöst wurde), die baaren 8229 fl. 33 kr. wurden in
„einer von 3 Bürgern — Joh. Georg Hurler Branntweiner, Jacob
„Mayr Bortenmacher und Joh. Kupfer Weber getragenen Truhe
„überliefert ꝛc."

Vom erwähnten ungarischen General Bernklau ligt weiters eine Ordre aus dem Feldlager bei Donauwörth vom 27. Sept. 1744 an den Oberst Babocay vor, welche wörtlich lautet:

„Herr Oberst Babocay nebst dem Oberstwachtmeister Graf
„von Ugassi werden hiemit befehliget, alsogleich mit einem Com-
„mando Husaren nach Lauingen zu gehen und alldort von der
„Stadt und Bürgermeister alles Gewehr, was sich bei denen In-
„wohnern befindet, abzunehmen. Sollten sie sich dessen weigern
„und absolute nicht abgeben wollen, so wird Herr Oberst
„hier darum anzufragen, die ganze Stadt mit Feuer an-
„zuzünden selbe verbrennen zu lassen (ermächtigt), dagegen
„wann sie selbes gutwillig hergeben, solle der Stadt nicht das
„mindeste geschehen."

Gegen diesen Befehl erging eine energische Bittvorstellung an
den Obersten, worin angeführt, daß man nur schon 30000 fl. Brand-

schatzung gezahlt habe, die Donaubrücke abgetragen zur Sicherung gegen Ueberfall der kaiserlichen Truppen, daß man nie ein Gewehr mißbraucht habe ꝛc.

Ob und was diese Vorstellung gefruchtet, darüber findet sich jedoch nichts.

Aus der Zeit 1742—1744 ligen auch eine Menge von Bescheinigungen über Lieferungen an Proviant ꝛc. in französischer Sprache vor.

Als Curiosum schalten wir noch folgendes Rathsconclusum ein.

Lauingen den 19. Okt. 1745.

„Anheut ist abermalen allhiesiger Magistrat auf dem Rathhaus erschienen und hat sämmtliche Kerzenmeister convociren lassen, miteinander zu conferiren, wie man sich bei Ankunft beed höchsten Häuptern von Oesterreich mit Aufwartung zu verhalten hätte, worauf geschlossen worden, daß man von Seiten des ganzen Magistrats und sämmtlicher Burgerschaft mit Mänteln an dem Donauufer erscheinen und höchstdieselben mit dreymaliger Kniebeugung bei Vorbeifahrung gnädigster höchster Personen zu empfangen, sohin mit allen Musikalischen Instrumenten, welche hier sich befinden, zu bestellen und alles sonstiges Schießen und Paradiren bei Verlierung des Burgerrechts abgeschafft werde."

Die Franzosen verübten während ihrer Winterquartiere dahier eines Tages blutige Excesse im Garten des damaligen Pflugwirth Joseph Wörner.

In einer Vorstellung vom 29. April 1748 an den Churfürsten sagt der damalige Grünbaumwirth Niklas Six, daß der ehevorige Krieg insbesondere das Herzogthum Neuburg und meistentheils die Stadt Lauingen hart mitgenommen und ausgesaugt, er Grünbaumwirth habe bei Anrückung der französischen Truppen 5 Capitän und 16 Bediente 117 Tag in continuo in Quartier haben müssen unter Androhung des Erstechens im Weigerungsfalle, er habe beim Abmarsch des Trenkschen Corps 2 Pferde nebst einem Wagen zum Vorspann hergeben müssen, wovon das eine Pferd sammt dem Wagen von den Husaren mitgenommen, dem andern aber durch unerhörte Strapazen und Ueberladung der Herzkasten eingestoßen worden ꝛc.

Vor dem bayrischen Erbfolgekrieg finden wir hier aktenmäßig folgende Quartiere ꝛc.

1732. Kaiserl. Alcaubettschen Regiments zu Fuß Marsch- und Nachtstation (auf dem Marsche nach Ulm).

1733. Anlag über die bei hiesiger Stadt Marschquartierssten der am 7, 8, 13, 14 Oktober 1733 eingerückten kaiserlichen Miliz. Die Bevernschen Marschquartierkosten.

1733. Quartiere und Durchmärsche der k. k. Seckendorf Walseg und Guido Staähremberg'schen Grenadiere, Dragoner und Hußaren.

1734. Bayerische Quartiere — Hauptmann von Reusch.

1734. Quartiere der k. k. Prinz v. Bevernschen Truppen — Küraſſiere. (Hier ist eine Designation derjenigen Defrairungsspesen, so auf des Herrn Herzog von Bevern zu Braunschweig Lüneburg hochfürstl. Durchlaucht auch dero Hof- und Generalstab bei den am 13. und 14. November 1733 allhie zu Lauingen gehaltenen 2 Nachtstationen verwendet worden.

Georg Max Schropp (golden Rössel), bei dem Se. hochfürstl. Durchlaucht das Quartier genommen, hat vermög seines übergebenen Conto prätendirt 473 fl. 22 kr. welche aber von Magistrats wegen moderirt worden auf 236 fl. 30 fl.

Johann Georg Amos prätendirt vor ein verabfolgtes Kalb, so in des Prinzen Kuchel geliefert werden müssen 6 fl., so ihm herabgesetzt auf 4 fl.)

1736. Quartiere des k. k. Dragonerregiments Altwürttemberg (waren in Veit- und Frauenriedhausen.)

1738. Quartiere der Württembergschen und Rhein Graf Salm'schen Truppen (waren in Hausen, dann Veit- und Frauenriedhausen einquartirt).

1735—1740. Bayerische Quartiere und Vorstellung, das hiesige Schloß zur Kaserne zu appliciren.

Aus dem Jahre 1735 ligt ein voluminöser Akt vor „Dissidien mit dem Oberstlieutenant Jos. Ant. Fixel." eine Art chronique scandaleuse.

1739. Contribution und Durchmärsche der Prinz Friedrich württembergschen Colonne.

Nach dem bayerischen Erbfolgekriege finden wir hier folgende Quartiere:

1748. Quartier des Graf Pirkenfeldschen Bataillons.

1749. Quartiere des Pfälzischen — Harschhamischen Regim.

1749 vom 24. Oktober bis letzten April,

1755 in Garnison gelegene churpfälzische Truppen.

1751 beklagt sich Antoni Baur Handelsmann, daß den 3. April 1751 Nachts 8 Uhr Hauptmann Müller mit Frau, zwei Töchtern, 2 Fourierschützen und völliger Bagage vor sein Haus gekommen und da ohne Vorweisung einiger Polletten 2 Stuben, 2 Kammern, 1 Kuchel, 1 Keller vor sein Logement, dann vor seine Magd eine angerichte Bettstätt, Holz und Licht unentgeltlich begehrt. Die ersten 14 Tagen sei ½ Klafter Holz abgegeben worden.

1759—1773. Joseph von Hohenhausensches Regiment drey Jahre lang hier einquartirt gewesen. 1771—1774. (In Gundelfingen war die Leibcompagnie des Hohenhausenschen Regiments 3 Jahre lang in Quartier.)
1761—1762. Patrouillirung der in dem Herzogthum Neuburg aufgestellten von Merkleschen Husaren.
1762. Durchmärsche der Reichstruppen.
1772—1773 war hier in Standquartier die Graf Khunsche Compagnie des General von Hohenhausischen Infanterieregiments.
1774 churpfälz. Graf Effernsches Infanterieregiment.
1776. Quartier des H. Grenabierhauptmann v. Laux.
1785—1786. Acta über die von dem kaiserl. k. Baron v. Lottermannschen Infanterieregiment in beiden diess. Hofmarken zu Veit- und Frauenriedhausen vom 7. bis 8. Januar 1786 zur Bedeckung der hier in Lauingen durchpassirten kais. k. Artillerie über Nacht gelegene Compagnie.
1786 waren hier und in Hausen die aus den Niederlanden nach Böhmen zurückkehrenden k. k. Mineurs und Sappeurs sammt Fuhrwesen 99 Mann mit 157 Pferden und 64 Wagen in Quartier. — Der Stab lag hier.

Französische Kriege.
1796 — 1810.

Der ehemalige Spitalverwalter Kränzle hat ein Tagebuch hinterlassen, welches unter andern namentlich auch die Kriegs-Ereignisse aus den Jahren 1796—1810 zum Gegenstande hat.

Derselbe theilt die Kriegsereignisse in vier Abschnitte — erster, zweiter, dritter und vierter Krieg, wie oft nämlich die Kriegsheere unsere Gegend und Stadt heimsuchten.

Wir lassen dieses Tagebuch — als nicht uninteressant im Abdrucke folgen, und machen jene Leser, welche sich für die Ereignisse der damaligen Zeit interessiren, aufmerksam, daß ein gleichzeitiges Tagebuch auch in Gundelfingen vorligt und in der Piece „Herzog Ludwig der Reiche und die Stadt Gundelfingen, Dillingen 1862 Druck und Verlag von C. Kränzle" abgedruckt ist.

Erster Krieg.

1796 vom 4.—10. Juli. Durch den Uebergang der Franzosen über den Rhein bei Kehl, welcher durch Verrätherei eines württembergischen Obersten von Müller der Reichsarmee bewirkt worden sein soll, hat sich die Kriegsgefahr so nahe in unsere Gegend gezogen und verbreitet, daß bereits vermöge Umlaufschreibens der Landsturm aufgeboten wurde. Heute am 10. Juli geht schon die schwere Artillerie der k. k. Armee zurück hier durch und nach Donauwörth. Die obere Landstrasse wimmelt von geflüchteten Kutschen, Wägen und Leuten. Es verbreitete sich auch das fälschliche Gerücht, daß bereits in den obern Gegenden an der Iller, bei Krumbach und Weissenhorn gesengt, gebrennt und geplündert werde und das Condé'sche Corps mit 1500 Mann bei Ulm sich zeige, welches Gerücht durch von einzelnen Marodeurs begangene Excesse herrührte.

12. Juli ist dahier ein Bittgang zu St. Johannis um Abwendung der Kriegsgefahr gehalten worden. Diesen und den vorigen Tag gehen alle nach Cannstadt mit Magazin beladenen Fuhrwägen zurück und nach Donauwörth. Das Archiv auf dem Rathhaus ist bereits geflüchtet worden. Die Franzosen stehen nach zuverläßigen Berichten im Württembergischen 4 Stunden hinter Calw.

Auf den 20. Juli mußte ein Platz auf dem Felde für die Retirade der Armeebagage ausgesucht werden. Hiezu wurde die Weide an der Zwerg bestimmt. Noch immer gehen viele mit Feldgeräthschaften beladene Wägen hier durch. Heut mußten sämmtliche 4 Spitalknechte mit Staffeten ausreiten. Der Rittmeister Almasi vom Kaiser-Chevaulegers-Regiment, der heut mit 140 Mann und 210 Pferden eingerückt ist, hat 29 Boten gefordert und abgefertigt.

Am 22. Juli rückt bereits die Feldbagage mit vielen hundert Wägen hier an, gehet über die Donau und stellet sich daselbst auf dem Platz von St. Leonhard an bis über die Brutweid hinauf. Der Zug dauert noch immer. In das Spital ist ein Theil des Lazareths verlegt worden.

26. Juli. Die vorerwähnte Feldequipage campirt noch immer auf dem Platz und ist noch durch viele Wägen und Mannschaften in der Zwischenzeit vermehrt worden. Die commandirte Mannschaft, was nämlich Soldat heißt — eine Anzahl von 2000 Köpfen — muß von der Bürgerschaft unentgeltlich verpflegt werden. Das Hauptquartier des Erzherzog Carl ist bereits schon

in Schwäbisch-Gmünd und die Retirade der Kaiserlichen dauert noch immer fort. Heut mußten 30 Mann Kranke vom Spital verpflegt werden.

Den 29. Juli sind wiederum 400 Wägen mit Stuck und Munition dahier angelangt und haben sich am Kesselseil gelagert; es wimmelt die ganze Stadt von Soldaten.

31. Juli sind die Schiffbrücken, so vor drei Jahren auf dem Lande heraufgeführt worden, auf der Donau hinunter passirt. Am nämlichen Tag mußte von dem Spital für 9 im Seelhaus liegende erkrankte k. k. Soldaten die Verpflegung verabreicht werden. Das Lager fängt auf der alten Garnbleich am Biblisholz an und gehet bis an das Frauenwörthle. Der Platz zwischen diesen zwei Hölzern ist voll von Zelten, Wägen, Pferden und Mannschaft.

1. August sind obige 400 Wägen wiederum Vormittag gegangen, dagegen aber Nachmittags 200 andere derlei Wägen in das nämliche Lager eingerückt. Das Spital hat bereits alles vorräthige Holz in das Lager abgeben müssen. Auch mußten heut wieder 14 kranke Soldaten vom Spital verpflegt werden. Abends 6 Uhr mußten die am 22. Juli hier eingerückten Bagagewägen schnell aufbrechen und nach Friedberg abgehen.

2. August sind vorerwähnte 200 Wagen Artillerie auch wieder abgezogen.

3. August Früh um 9 Uhr rückten 1300 Mann k. k. Truppen ein, wovon 92 in dem Spital verpflegt werden mußten. Aus dem Spital sind nun die 4 Knecht und der Spitalmeister theils als Vorspann theils als Staffete fort.

5. August mußten von dem Spital wieder 41 Mann mit Kost verpflegt werden,

6. August wieder 56 Mann und in das Lager bei Dillingen 9 Wagen Holz geliefert werden. Abends ½10 Uhr wurden die hiesigen Zimmerleute auf Ordre des hier mit einem starken Commando Cavallerie zur Fortschaffung der Magazine weilenden k. k. Rittmeisters beauftragt, sogleich die Donaubrücke abzutragen, wenn die zwei vor dem Thore stehenden Kanonen als Zeichen des herannahenden Feindes abgeschossen würden und da die Bürgerschaft um dessen Unterlassung fußfällig bat, wurde gar mit Abbrennung der Brücken und der daran gebauten Mühlen zugleich gedroht.

8. August Nachmittags 1 Uhr mußten die ersten zwei Joche der hiesigen Donaubrücke auf Ordre der Kaiserlichen abgetragen

werden. Es ist ein herzzerbrechender Anblick, eine segenvolle Ernte im Donaufeld vor Augen zu haben und davon nichts einheimsen zu können. Die Hölzer der besagten zwei Joch warfen die Soldaten nur in die Donau und ließen selbe davon schwimmen. An diesem Tage kam es auch zwischen den Kaiserlichen und Franzosen bei Gundelfingen, Medlingen und Oberriedhausen zu einem hitzigen Gefecht, welches von 1 Uhr Nachmittags bis gegen 8 Uhr Abends dauerte und zum Vortheil der erstern (Kaiserlichen) ausfiel, da sie etliche Gefangene und auch eine Kanone heimbrachten.

Am 10. August fingen die Franzosen Vormittag um 10 Uhr wiederum an bei Medlingen herauszufeuern, zogen sich aber beim Anmarsch der kaiserlichen Husaren gleich zurück, und waren den ganzen Tag hindurch ruhig. Dagegen kam Abends 1/27 Uhr ein fürchterliches Donnerwetter, welches durch seine Schlossen wiederum neuen Schaden an den Feldfrüchten anrichtete. Um doch trüber in etwas getröstet zu werden, kam vom k. k. General Riß in Dillingen die Erlaubniß hier an, daß die Donaubrücke wiederum hergestellt werden dürfe, wozu sogleich auch mit Freuden der Anfang gemacht wurde. Die k. k. Hauptarmee steht bei Nördlingen und das hiesige Corps hat sich zwischen hier und Steinheim an der Zwerg und Egau gelagert.

11. August griffen die Kaiserlichen mit Tagesanbruch bei Obermedlingen an und waren so glücklich, die Franzosen sogleich zurückzutreiben. Bis 8 Uhr hatten sie schon 500 Gefangene und 150 Pferd erbeutet. Das Treffen dauert aber noch fort. Der Donner der Kanonen verliert sich immer mehr in das Holz zurück. Allem Anschein nach kommt es zu einer entscheidenden Schlacht, die auch an diesem Tage geschlagen und für die kaiserliche Armee sehr nachtheilig ausgefallen ist, indem am 12. sich diese eiligst zurückgezogen, sowie auch jenes Corps, so am Tage zuvor in unsrer Gegend siegte, am nämlichen Abend hier durchmarschiret ist und das Lager bei Dillingen wieder bezogen, dieses jedoch in der Nacht um 1 Uhr aufgehoben, und sich über die Donau retirirt hat, in welcher Nacht auch wieder das erste Joch der hiesigen Donaubrücke auf Befehl der Kaiserlichen aufgehoben werden mußte.

15. August sind etliche 100 Mann französische Husaren und Infanterie hier eingerückt und haben sogleich am Donauthor gegen die abgebrochene Brücke hin ein Stück ord. Kanonen aufgepflanzt.

Vom 16.—20. August. In diesen Tagen ist die Stadt voll von französischen Truppen. Am 18. August wurde der churfürstliche Getreidkasten und das churfürstliche Salz dahier von dem französischen Commissaire in Beschlag genommen und versiegelt.

19. August ist ein Corps von 12000 Mann über die wiederum hergestellte Donaubrücke gegen Zusmarshausen marschirt

18. August ist in dem Spital eine französische Bäckerei angelegt worden. Das Spital muß außerordentlich durch Holzabgaben, Fuhrwerke, Staffetenreiten, Quartier und Kostlast (indem alle Tage 20 bis 30 Mann vom Spital verpflegt werden müssen) leiden. Zwar leidet hierunter die ganze Bürgerschaft und die allgemeine Bedrängniß, Noth und Elend gehen beinahe bis zur Verzweiflung über. Es werden unerschwingliche Requisitionen gemacht und der Hunger wird nächstens eintreten. Kurz, es läßt sich gar nicht beschreiben!

Vom 20—28. August noch immer die nämliche verzweifelte Lage und keine Erlösung wahrscheinlich. Ich selbst habe schon seit 12 Tagen einen französischen Officier sammt dessen Frau und Kind, dann einen Husaren — Regimentsschneider im Quartier und zur Verpflegung, was mir und den Meinigen außerordentliche Kosten und Mühe verursacht.

28. August. Heut rückt der Vortrab der französischen Armee bereits in München ein. Am 21. zuvor haben die Kaiserlichen in einer Aktion bei Augsburg 3000 Mann und 15 Kanonen verloren.

30. August sind die im Spital einquartirt gewesenen 4 Bäcker, welche vom 18.—30. August 14175 Brobrationen im Spitalofen gebacken, am Vormittag nach Augsburg abgegangen.

4. September ist in der benachbarten Stadt Dillingen ein Auflauf und Handgemeng zwischen der Bürgerschaft und den daselbst gelegenen französischen Truppen aus der Ursache entstanden, weil [einige Husaren mit ihren Pferden in das dortige Spital einquartirt wurden, welches die Spitalknecht in ihren Ställen nicht zugeben wollten und sich dagegen setzten und mit denen Husaren handgemein wurden; zu allem Unglück ließ der Spitalverwalter von Schirt Sturm schlagen, worauf Jedermann in Allarm gerieth und dem Kampfplatze zueilte, wo es dann so ernsthaft zuging, daß ein französischer Officier, ein Chasseur und ein Kanonier auf dem Platz blieben und noch etliche verwundet wurden.

Dieser Auflauf und Revolution wird von den Franzosen so empfindlich aufgenommen, daß sie [noch] immer der Stadt mit Brennen und gänzlicher Verheerung drohten. Der bemerkte Hr. Spitalverwalter wird noch immer stark bewacht und die Spitalknecht sind in Arrest gesetzt, (die Affaire ist doch mit einer Geldstrafe abgethan worden.) Die Franzosen sind den andern Tag gleich ausgezogen und haben sich über der Donau gelagert.